子ども家庭福祉の扉

子どもと家庭の未来を拓く

水田和江・中野菜穂子　編著

学文社

執筆者

伊藤	秀樹	東海学院大学健康福祉学部	（第3章3，4）
内本	充統	福岡女学院大学人間関係学部	（第4章3）
上村	千尋	金城学院大学人間科学部	（第2章1，2，3）
河合	富美子	倉敷市立短期大学（非常勤）	（第4章2）
合田	誠	四條畷学園短期大学	（第4章4）
髙橋	実	福山市立大学教育学部	（第5章1，3，4）
永田	彰子	安田女子大学文学部	（第5章2）
＊中野	菜穂子	岡山県立大学保健福祉学部	（第4章6，7）
中山	智哉	九州女子大学	（第4章1）
牧野	一元	大谷大学（非常勤）	（第4章4）
松井	圭三	中国短期大学	（第3章1，2）
＊水田	和江	西南女学院大学短期大学部	（第4章5）
村田	恵子	就実大学教育学部	（第1章1，2，3）

（＊は編者・五十音順）

刊行にあたって

　今回，児童福祉の概論を学ぶためのテキストを,「子ども家庭福祉の扉」として刊行することにした．児童福祉が,「子ども家庭福祉」と呼び方が変わってきたのは，1990年代以降のことである．この時期は，わが国が，少子化対策が社会全体の大きな課題となった時期であり，それを推進するなかで新たな子育て支援の要求が明らかになってきたときでもある．また，わが国が児童の権利に関する条約を批准（1994年）したことによって，子どもが権利の主体者として認識され，子どもの「最善の利益」となる社会的対策が講じられているのか，わが国の児童福祉施策や子どもを取り巻く環境が，世界的基準で評価されることになったときでもある．

　児童の権利に関する条約は，子どもが一人の人間として権利を保有していることを明らかにすると同時に，親（保護者）とのかかわり，親の養育責任を明示した．

　このことは，子どもにとって生活基盤となる家庭が安心で，安定した生活保障の場となることの重要性を示したものといえる．しかし，こうした家庭を，親（保護者）の責任でのみ構築することを求めているのではない．児童の権利に関する条約では，子どもと家庭に対する締約国としての責任を，同時に示している．

　国際的には，貧困や内戦や環境破壊が，子どもと家族を破壊し，子どもを家庭から引き離している現実がある．それは，わが国も例外ではない．豊かさを誇ってきたわが国の子どもを取り巻く環境は，年々厳しさを増している．家庭の経済的な困窮は，家庭崩壊や児童虐待を生み出す要因となっている．また，子どもの生活や教育，文化的活動などあらゆる面での格差を生じさせている．

　こうした厳しい状況のなかで，児童福祉は，家庭と家族を含む総体的な福祉

の視点から，子どもの生活支援のあり方を検討する必要が生じている．しかし，問題の多様性から，その方向性を指し示すことに成功していない．

近年，めまぐるしく変わる児童の福祉施策，子育て支援対策は，そのまま，現在の子どもの生活の不安定さと不確定さを示すものである．子どもの最善の利益となる生活環境は，家庭が子どもにとって最善の利益を保障する場となることである．それは家庭の責任であるという固定的な責任意識の強調ではなく，個別の家庭の支援と同時に，安定した家庭生活を構築できる社会環境と社会的施策の整備により，実現するものである．

私たちは，子どもの福祉に携わるものとして，子どもと家庭を取り巻く環境，福祉施策の動向の意図を知ると同時に，子どもの権利を守るという立場から，家庭と家族を含む総体的な福祉という新たな観点で，どのような制度を確立していくのかを学ぶことが必要である．

このテキストは，最新の子ども・子育て支援施策の動向と最新の児童福祉法改正を踏まえるとともに，子ども家庭福祉を学ぶにあたり，主体的に，今後の子ども家庭福祉のあり方を検討できるように，各論では具体的な事例を掲載した．

　　2009年　　　　　　　　　　　　　　　　　　　　　　編　者

目 次

第1章　現代社会の子どもと家庭　1

1. 少子化の進行とその背景　2
   (1) 少子化の現状　2 ／(2) 結婚・出産の動向と少子化　3
2. 地域社会および家庭生活の変化と子どもの育ちへの影響　6
   (1) 遊び環境と内容の変容　6 ／(2) 生活の変化と子ども・家庭　7
3. 格差社会と子どもの育ち　9
   (1) 所得格差の広がり　9 ／(2) 子どもの育ちへの影響　12 ／(3) 子ども家庭福祉の課題　13

第2章　子どもの権利と子ども家庭福祉　15

1. 子どもの権利と子ども家庭福祉のあゆみ　15
   (1) 日本における子ども家庭福祉のあゆみ　15 ／(2) 子どもの権利思想の形成過程　21
2. 児童の権利に関する条約（子どもの権利条約）　23
   (1) 児童の権利に関する条約の意義と特徴　23 ／(2) 児童の権利に関する条約を実現する仕組み　25 ／(3) 日本の進捗状況　26
3. 子どもの最善の利益の保障に向けて　29

第3章　子ども家庭福祉のしくみ　32

1. 子ども家庭福祉の法律　32
   (1) 児童福祉法の概要　32 ／(2) 母子及び寡婦福祉法制定の経緯と概要　36 ／(3) 母子保健法制定の経緯と法の概要　37 ／(4) 経済的支援に関する法律　38 ／(5) 児童の福祉・権利擁護に関わる法律　40
2. 子ども家庭福祉の実施体制　44
   (1) 児童福祉の行政機関　44 ／(2) 児童の福祉に関わる審議機関　44 ／(3) 子ども家庭福祉の専門機関　45

3．児童福祉にかかわる施設サービスと在宅サービス　47
　(1)児童福祉施設のサービス　47／(2)児童福祉法の実施する在宅サービス　55

4．子ども家庭福祉の専門職　58
　(1)保育士　58／(2)児童福祉司　59／(3)その他　59

第4章　子どもと家庭の問題と福祉の展開　61

1．次世代健全育成と子ども家庭福祉　61
　(1)児童健全育成とは　61／(2)児童健全育成の概念　62／(3)次世代健全育成と少子化対策　63／(4)児童健全育成施策の現状　68／(5)次世代健全育成の課題　77

2．保育・子育て支援と子ども家庭福祉　78
　(1)保育所と子育て支援　79／(2)認定子ども園と子育て支援　89／(3)地域子育て支援事業　95／(4)子育て支援の課題　97

3．養護問題と子ども家庭福祉　98
　(1)子どもの権利と養護問題　98／(2)児童虐待と子どもの養護　99／(3)養護問題への基本視点　101／(4)養護問題への対応　103

4．ひとり親家庭と子ども家庭福祉　107
　(1)ひとり親家庭の福祉対策のあゆみ　107／(2)現代のひとり親家庭問題　109／(3)ひとり親家庭のための対策　112／(4)ひとり親家庭対策の課題　117

5．障害をもつ子どもと子ども家庭福祉　118
　(1)障害をもつ子どもの権利　118／(2)障害児をめぐる福祉施策　124／(3)障害児とその家族への福祉対策　129／(4)今後の課題　135

6．非行・情緒障害と子ども家庭福祉　137
　(1)少年非行の現状と課題　137／(2)情緒障害児と子ども家庭福祉　145

7．母子保健と子ども家庭福祉　151
　(1)わが国の母子保健　151／(2)母子保健対策　154／(3)母子保健の課題　159

第5章　これからの子ども家庭福祉　164

1．「子どもの最善の利益」の具体化　164
　(1)児童福祉から子ども家庭福祉へ　164／(2)家庭の尊重と社会　165／(3)家庭

的環境の保障　165／(4)専門職の専門性向上　166
2．親の成長を考える　166
　　(1)近年の子育て支援事業の展開　166／(2)なぜ親の成長支援が必要なのか　167／(3)親の成長支援としての子育て支援のあり方　167／(4)園での親の成長支援取り組み事例　168／(5)親としての成長の内容（子育て期にある親への調査から）　169／(6)親の成長と子どもの福祉向上　171／(7)人から人への次世代育成力を支援する体制の再建　172
3．子どもと家庭を支えるネットワーク　173
　　(1)全国にひろがる子育て支援の取り組みとソーシャルワーク　173／(2)事例を通して考える子育て支援活動と支援ニーズ　174
4．子どもと家庭のウェルビーイング　175
　　(1)ウェルフェアからウェルビーイングへ　175／(2)国の子育て支援対策の変遷と新たな課題　176／(3)行政主導型子育て支援から住民主体型子育て支援へ　177／(4)住民主体の子育て支援の取り組み　178／(5)小地域福祉活動としての子育て支援　179／(6)子どもと家庭のウェルビーイングを保障するソーシャルワーク　180

索　引　183

第1章
現代社会の子どもと家庭

● キーワード ●
少子化・環境の変化・格差

　2007年2月に，ユニセフ・イノチェンティ研究所は，経済先進国21カ国の子どもや若者を取り巻く状況に関する研究報告書（Report Card 7）を発表した．この調査では，各国の15歳の子どもに，子どもの意識に関する項目について，当てはまると回答した子どもの割合が示されている．それによると，「孤独を感じる」日本の子どもは29.1％にのぼっている．これは調査国中1位であり，しかも2位のアイスランド10.3％，フランス6.4％などに比べ飛びぬけて高い比率であった．また，「気詰まり感や場違いな感じがする」という項目においても，18.1％（第2位ベルギー15.6％）とトップであった．これらの結果からは，日本の子どもは世界で最も孤独感を抱え，受け入れてもらえていないと感じているようである．

　日本の子どもの孤独感の背景には何があるのだろうか．子どもと家庭の福祉を学ぶにあたり，まず，子どもと子どもが育つ家庭をめぐる状況を多面的に学び，その中での子どもと家庭のおかれている現状を把握したい．それをふま

2

え，子どもの育ちを支えるための課題を探ってみよう．

1．少子化の進行とその背景

(1) 少子化の現状

　現代の日本社会は，少子高齢化社会であると特徴づけられる．わが国の年少人口（0〜14歳）は，出生数の減少により，第2次世界大戦後，減少傾向が続き，1997（平成9）年には，老年人口（65歳以上）よりも少なくなった．総務省「人口推計（平成19年10月1日現在）」によると，年少人口は1,729万3千人（総人口に占める割合13.5％）であるのに対し，老年人口は2,746万4千人（同21.5％）となっている．2005（平成17）年時点での世界全域の年少人口割合（国連推計）は，28.3％であり，わが国の年少人口割合（13.5％）は，世界的にみても最も小さくなっている．わが国は世界で最も少子高齢化が進んでいる国であるといえる．

　図表1−1は，出生数と合計特殊出生率の年次推移を図表に表したものである．合計特殊出生率とは，その年の15〜49歳までの女性の年齢別出生率を合計したもので，1人の女性が一生の間に産む子ども数の目安とされている．長期的に人口が安定的に維持される合計特殊出生率の水準を人口置換水準と言い，標準的には2.1とされる．わが国の合計特殊出生率は，この水準を下回る状況が継続している．

　1989年は，合計特殊出生率が最低値を記録したことから「1.57ショック」と呼ばれ，少子化の到来が印象付けられた年であった．以後，子どもの出生率は社会的な関心事となった．少子高齢化の進行により，労働力人口の減少による経済成長への影響や，高齢化率の上昇による年金，医療，介護費の増大といった社会保障制度への影響，過疎地においては共同体そのものの維持困難につながり，地域の存立基盤にかかわる影響などが指摘されている．こうした影響への懸念から，出生率の向上は政策上の重要課題となり，少子化対策のための

法制度の整備や施策がさまざまな形で進められてきたが,出生数は増加に転じていない.

(2) 結婚・出産の動向と少子化

平成19年版『国民生活白書』では,「あなたにとって一番大切なものは何か」との質問に対し,1958年には1割程度に過ぎなかった「家族」を挙げる人の割合が,70年代以降一貫して増加し続け2003年には約5割となっていること,また家族との会話の頻度が高い人ほど精神的やすらぎが得られるという調査結果が報告されている.

少子化については,出生数対策として論じる傾向が強いが,国民の幸福感に大きな位置を占める家族の形成のきっかけとなる,結婚や出産に深くかかわる問題として検討することも必要だろう.ここでは,理想とする子ども数をもて

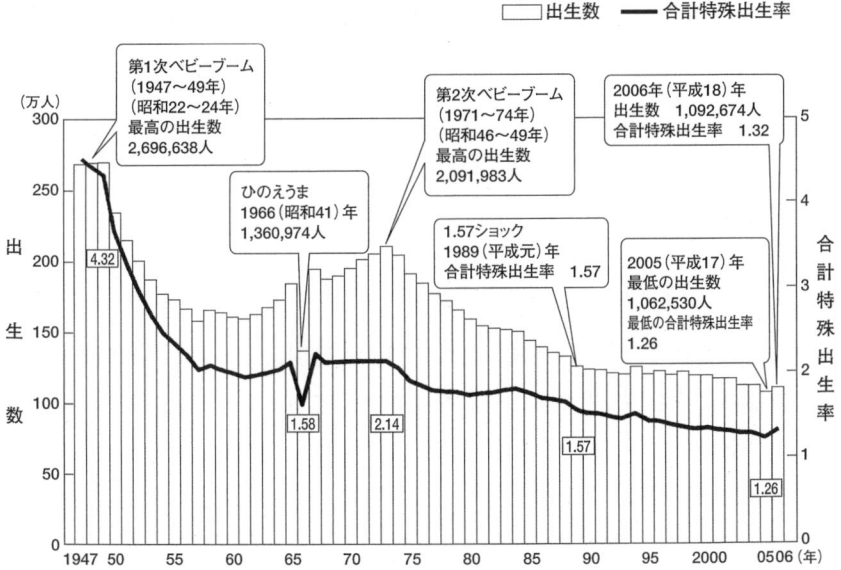

図表1－1　出生数および合計特殊出生率の年次推移

出所）内閣府『平成20年版　少子化社会白書』2008年　p.24より転載

ない状況と，結婚が具体的に考えられない状況の一端を紹介する．

国立社会保障人口問題研究所の「出生動向基本調査」（第13回：2006年）によると，夫婦にたずねた理想的な子ども数（平均理想子ども数）は，低下傾向が認められるものの，2.3人から2.6人である．しかし，1972年以降，およそ30年間にわたって2.20人前後で安定していた夫婦完結出生児数（結婚持続期間15～19年夫婦の平均出生子ども数）は2005年の調査では，2.09人へと減少しており，理想とする子ども数をもてない現実が明らかになっている．

予定子ども数が理想を下回る場合，理想は3人だが予定は2人という組み合わせが過半数（55.3％）を占め，その差の理由では「お金がかかりすぎる」（74.7％）が多い．理想も予定の子ども数もそれ以上ある場合でも「お金」や「家が狭い」などの理由が多い．出産・育児にかかる費用など，経済的理由が子どもを生み育てることをためらわせている．

同調査の独身者への調査結果では，いずれは結婚しようと考える未婚者の割合は，男女とも9割程度で推移している．しかし，「いずれ結婚するつもり」と回答した未婚男性の中で，「一年以内に結婚したい」または「理想的な相手が見つかれば結婚してもよい」と前向きな結婚意欲を示す割合は，就業の状況によって著しく異なっている．自営業と正規雇用者では，前向きな結婚意欲を持つ男性が7～8割となっているが，非正規雇用者（パート・アルバイト，派遣・嘱託）と無職・家事の男性未婚者では，3～4割にとどまっている．結婚願望はあっても，具体的に考えることができない収入や労働環境であることがうかがえる．

社会保障審議会の「人口構造の変化に関する特別部会」では，結婚や出産をめぐるこのような希望と現実の違いを生み出している要因を次のように指摘している．結婚については，経済的基盤や雇用・キャリアの将来の見通し・安定性，出産については，子育てしながら就業継続できる見通しや仕事と生活の調和の確保の度合い，教育費の負担感，夫婦間の家事・育児の分担度合い，育児不安の度合いなどの影響である．

第1章　現代社会の子どもと家庭　5

図表1—2　結婚や出生行動に影響を及ぼしていると示唆される要素の整理

《結婚》← 経済的基盤，雇用・キャリアの将来の見通し・安定性

- 経済的基盤
  - 収入が低く雇用が不安定な男性
    → 未婚率　高

- 出産後の継続就業の見通し
  - 非正規雇用の女性
  - 育休が利用できない職場の女性
  - 保育所待機児童が多い地域の女性
    → 未婚率　高

〔調査・研究結果〕
- 男性では，年収が高いほど有配偶率が高い．
- 男性では，正社員に比べて非典型雇用の場合，有配偶率が低い．
- 男性未婚者では，正規雇用者に比べてパート・アルバイトの結婚意欲が低い．
- 男女雇用機会均等法施行以降に就職した世代の女性では，最初に勤務した勤務先での雇用形態が正規雇用と非正規雇用者の場合で比較すると，非正規雇用者の未婚割合が高い．また，利用可能な育児休業制度の有無で比較すると，利用可能な育児休業制度がなかった層で未婚割合が高い．
- 1歳児入園待機者の多い自治体ほど女性の結婚確率が低い．

《出産（第1子〜）》← 子育てしながら就業継続できる見通し，仕事と家庭の調和

- 出産後の継続就業の見通し
  - 育休利用可能→出産確率　高

- 仕事と家庭生活との調和
  - 長時間労働→出産確率　低

※働き方＋家事・育児の分担＋保育所利用
　→相互に組み合わされることで
　　　　　　　継続就業効果　高

〔調査・研究結果〕
- 育児休業が利用可能，取得しやすい雰囲気の職場の女性の方が，育児休業が利用できない職場の女性より出産する割合が高い．
- 雇用機会均等法施行以降に就職した世代で，育児休業が利用可能な職場に勤めていた女性は，それ以前に就職した人とほぼ同程度に出産を経験している．
- 勤務先に育児休業制度がある場合，少なくとも子どもを一人産む確率がその他の場合より高く，無職の女性より出産確率が高くなる．
- 男性が長時間労働している家庭では，労働時間の増えた家庭よりも減った家庭の方が子どもが生まれた割合が高い．
- 女性の勤務が長時間労働の場合は，第1子を産むタイミングが遅れ，出産確率も低下する．

《出産（特に第2子〜）》← 夫婦間の家事・育児の分担

- 男性の家事・育児分担
  - 男性の分担度が高い→
    　　　　女性の出産意欲　高
    　　　　女性の継続就業割合　高

※夫の労働時間が長い→
    　　　　家事・育児分担　少

〔調査・研究結果〕
- 子どものいる世帯で，妻から見て夫が家事
- 育児を分担していないと回答した世帯では，分担していると回答した世帯に比べ，妻の子どもを持つ意欲が弱まる．
- 夫の育児遂行率が高い夫婦の方が，追加予定子ども数が多い．

《出産（特に第2子〜）》← 育児不安

- 育児不安
  - 育児不安の程度が高い→出産意欲　減

※家庭内・地域からのサポート
- 配偶者の育児分担への満足度が高い
- 保育所・幼稚園からのサポートが高い
    → 育児不安　低

〔調査・研究結果〕
- 子どもが1人いる母親の場合，育児不安の程度が高まると，追加予定子ども数が減少する．
  (子どもが2人の場合も概ね同様の傾向)

《出産（特に第3子〜）》← 教育費の負担感

- 教育費の負担感
    → 3人目以降から割合が高い

※後に生まれた世代ほど負担感が高い
- 1970年代生まれ以降
    → 1人目・2人目でも負担感が高い

〔調査・研究結果〕
- 予定子ども数以上の子どもを持たない理由として教育費負担感をあげる者の割合を予定子ども数別に見ると，予定子ども数を2人とする者のところからその割合が高まる．
  (1970年代以降の生まれでは，予定子ども数が0人・1人とする者についても割合が高くなっている．)

出所）内閣府『平成20年版　少子化社会白書』2008年　p.31
　　　http://www8.cao.go.jp/shoushi/kaigi/ouen/saisei/k_1/pdf/s1-2.pdf#serach='人口構造の変化に関する特別部会'（内閣府HP）

結婚するかしないか，子どもを生むか生まないかといった選択は，一人ひとりの意思によるべきものであり，国や社会の側が干渉すべき事柄ではない．しかしながら，人びとが希望しながらも社会的な要因によって実現を妨げられているならば，それを取り除くことは国や社会の責務である．

2．地域社会および家庭生活の変化と子どもの育ちへの影響

(1) 遊び環境と内容の変容

1950年代後半に始まる高度経済成長によって，第一次産業を中心としたそれまでの日本の産業構造は大きく変化した．それにともなって都市へ人口が集中する一方，地方では過疎化が進行し，それぞれに新たな生活問題を生み出すこととなった．

子どもにとって，発達と学びのうえで欠くことのできない遊びが成立するために必要な「時間」・「空間」・「仲間」の「三間」の減少がいわれるようになって久しいが，遊びの「仲間」は，少子化の進行とともに，確実に減り続けているといえる．

次に，遊びの「空間」はどうだろうか．木下勇による東京都世田谷区の住宅地における四世代にわたる遊び場調査の結果では[1]，次のような変化が明らかにされている．

かつては，「道」や「空地」が，子どもの遊び場として大きな位置を占めていた．しかし，1982年になると，「空地」が激減して「公園」や「学校」がこれに代わる．1986年には「道」もまた半減して，「学校」の他，「家の中・庭」，整備された「緑道」，「寺社」が増加する．2006年になると，「家の中・庭」がもっとも大きな割合を占めるようになり，「学校」「公園」がこれに続く．

つまり，「家の中・庭」，「学校」や「公園」など大人が用意した環境が，子どもたち自身がこれまで遊びの空間としていた「空地」や「道」にとって代わ

った形となっているのである．住宅地の開発は，子どもの遊び空間の視点から見れば，群れて遊ぶ場所としての道や空き地を奪われ，見守ってくれていた地域社会が失われていく過程であったといえる．

「時間」については，深谷昌志が，2004年の冬と秋に北海道から沖縄までの16地点18の小学校で，高学年の子どもを対象に行われた放課後の過ごし方に関する調査の結果から，「遊ばない」または「家の中で一人」で過ごす子どもの割合が秋・冬とも60％を超え，しかもそれが大都市や山村を問わずみられるものであることを指摘している[2]．ここに映し出されているのは，自分の自由になる「時間」はあっても，遊び「仲間」や「空間」を必要としない形で過ごしている子どもたちの姿である．

（2）生活の変化と子ども・家庭

生活のさまざまな分野における省力化や商品化，情報環境の発達等を背景とした生活の変化も，子どもや家庭に多くの影響を与えている．

情報環境の発達は，現代における子どもや家族の有り様に大きな影響を与えている．内閣府による「低年齢少年の生活と意識に関する調査」（2007年）では，小・中学生のうち，テレビやビデオ，DVDを見る時間が2時間以上の子どもは60％を超えており，テレビゲームやパソコン・携帯電話のメールに費やす時間が1日2時間以上となる子どもも60％を超えている．また，自分専用の携帯電話またはPHSをもつ小中学生は32.7％，同じくテレビをもつ割合は16.5％である．メディアとの接触は日常的になり，長時間におよんでいる．子どもは，身近な人とのかかわりあい，そして遊びなどの実体験を重ねることによって，人間関係を築き，心と身体を成長させる存在である．メディアづけの生活は，外遊びの機会を奪い，人とのかかわり体験の不足を招き，運動不足，睡眠不足そしてコミュニケーション能力の低下を招くことなどが懸念されている．

あわせて情報環境の発展は，おとなの関与なしに子どもがさまざまな情報を

収集できる条件をも作りだした．コンピューターや携帯電話の普及により，情報へのアクセスあるいは発信という点において，大人と子どもの境界はきわめて曖昧なものとなっている．その結果，子どもが有害情報を閲覧したり，インターネットを介して犯罪に巻き込まれたり，学校裏サイトを使った新たな形のいじめが起きるなど，さまざまな事件が後を絶たない．

　家族の個別化も進行している．おとなは仕事で，子どもは塾や習い事などで忙しく物理的に家にいないことにより，家族と過ごす時間の確保が困難となることで，家族行動が個別化する傾向がある．

　その象徴的な現象が，子どもがひとりで食事をするいわゆる「孤食」である．

　家族の食卓は，家族のきずなを深める団らんの場であると同時に，子どもが規則的でバランスの良い食事をとる習慣や，食べる姿勢，食事のマナーなど，基礎的な食習慣を身に付けたり，社会性などを学習する重要な場である．しかし，家族行動の個別化などにより，家族が一緒に食卓を囲む機会は減少している．平成19年版『国民生活白書』（2007年）では，家族そろって夕食をとる頻度について，毎日一緒にとる割合は1976年の36.5％から低下傾向にあり，2004年には25.9％となっている．一方，週3日以下の割合は上昇しており，2004年には53.9％と半数以上を占めている．また，朝食についても，小学生の5割，中学生では7割が親と一緒にとっていない．さらに，「自分ひとりで」朝食をとっている割合は，小学生は2割，中学生の4割にも達していることが報告されている．

　高度経済成長以降，たとえば炊事，洗濯といった家事の負担も大幅に軽減され，生活のなかで家族が一緒に作業する機会そのものが少なくなっていった．新しいモノを生活に取り入れていくことに価値が見いだされ，生活の隅々まで外注可能な環境が整えられていくなかで成長した世代が親となる時代を迎えている．現代の子どもたちは，その価値観や生活スタイルを内面化しながら成長しているのである．

生活環境の変化は，子どもに，そして家庭に，さまざまな形で影響を与え続けている．

3．格差社会と子どもの育ち

(1) 所得格差の広がり

90年代後半以降，企業活動のグローバル化や規制緩和が進展し，それにともなって，人びとの労働のあり方にも大きな変化が生じた．

総務省「平成19年就業構造基本調査」(2007年) によると，労働の規制緩和によって，雇用者全体に占める非正規の職員・従業者の割合は増え続け，2007年には3割を超えている．それにともない，雇用形態別の賃金格差が広がっている．男女，雇用形態別に仕事からの収入（年間）階級別割合は，男性の正規の職員・従業員は300～399万円が19.6％と最も高く，次いで400～499万円が17.4％，200～299万円が14.8％となっている．一方，非正規の職員・従業員では100～199万円が29.6％と最も高く，次いで100万円未満が27.5％などとなっている．女性の正規の職員・従業員は200～299万円が28.6％と最も高く，次いで100～199万円が21.0％などとなった．一方，非正規の職員・従業員は100万円未満が49.0％ともっとも高く，次いで100～199万円が36.9％などとなっている（総務省「労働力調査詳細集計」2008年）．

他方では終身雇用制と年功的な賃金制を見直し，成果主義を導入する動きも進んでいる．正規雇用者になることがむずかしくなったばかりでなく，正規雇用されたからといって，安定した条件のもとで働き続けることができるとは限らない．こうした不安定な状況は，先にみてきたように，結婚や出生の動向に大きく作用すると同時に，子どもが育つ家庭のあり方にも影響を与えている．

OECDの報告によれば，2000年における日本の「子どもの貧困率」（同一の家族構成のもとで中位可処分所得が50％未満世帯に所属する17歳以下の子どもの比率）は14.3％にのぼり，94年の調査結果と比較すると2.3％増加し，国際的にみ

図表1―3　子どもと子どものいる世帯での貧困率

	子ども	子どものいる家族						
		ひとり親			両親			
		合計	不就業	就業	合計	就業ゼロ	就業1人	就業2人
オーストラリア 1999	11.6	38.4	58.7	11.7	6.8	43.3	5.4	3.3
オーストリア 1999	13.3	30.0	67.6	23.2	10.2	35.6	12.7	8.6
カナダ 2000	13.6	42.1	89.7	27.7	8.5	75.3	22.9	3.5
チェコ 2000	7.2	23.2	53.7	5.5	3.5	35.7	3.7	0.6
デンマーク 2000	2.4	7.2	22.2	4.0	1.9	19.0	6.4	0.7
フィンランド 2000	3.4	10.5	25.0	7.2	2.5	25.8	5.4	1.3
フランス 2000	7.3	26.6	61.7	9.6	5.1	37.9	6.3	1.6
ドイツ 2001	12.8	31.4	55.6	18.0	8.1	51.5	6.4	1.9
ギリシャ 1999	12.4	19.8	18.8	20.0	10.8	13.4	16.8	4.8
アイルランド 2000	15.7	53.9	88.7	22.1	10.7	74.8	17.4	1.6
イタリア 2000	15.7	24.9	76.8	13.4	14.1	61.1	23.9	1.6
日本 2000	14.3	57.3	52.1	57.9	11.4	46.0	12.3	10.6
ルクセンブルク 1999	7.8	35.1	66.3	31.4	5.7	20.8	8.5	2.9
メキシコ 2002	24.8	35.0	45.6	32.6	20.7	37.9	26.2	15.4
オランダ 2000	9.0	30.3	42.8	17.7	5.2	50.7	7.8	1.7
ニュージーランド 2001	16.3	47.5	87.6	21.3	8.8	43.3	14.5	4.1
ノルウェー 2000	3.6	9.9	24.7	2.8	1.7	38.0	2.8	0.1
ポーランド 2000	14.5	34.7	69.1	13.7	10.2	41.8	14.9	1.9
ポルトガル 2000	15.6	32.5	84.8	20.3	12.4	50.6	32.4	4.8
スウェーデン 2000	3.6	9.3	34.2	5.6	2.0	13.7	8.2	1.1
スイス 2001	6.8	―	―	2.3	―	―	9.6	4.7
トルコ 2002	21.1	57.7	51.6	65.4	16.8	25.2	17.2	15.7
イギリス 2000	16.2	40.7	62.5	20.6	8.7	37.4	17.6	3.6
アメリカ合衆国 2000	21.7	48.9	93.8	40.3	14.5	77.9	30.5	8.3
OECD24カ国	12.1	32.5	58.0	20.6	8.7	41.6	13.7	4.3

注）子どもと労働年齢の世帯主がいる世帯で生活している個人のなかでの比率。
出所）Föster, M. and M. Mira d'Ercole (2005), "Income Distribution and Poverty in OECD Countries in the Second Half of the 1990s", Social, Employment and Migration Working Papers, No.22, OECD, Paris (www.oecd.org/els/workingpapers)
StatLink: http://Dx.doi.org/10.1787/875231314458
補足）■UNICEF (2000), "A League Table of Child Poverty in Rich Nations", Innocenti Research Centre, Florence.■ Föster M. and M. Mira d'Ercole (2005), "Income Distribution and Poverty in OECD Countries in the Second Half of the 1990s", Social, Employment and Migration Working Papers, No.22, OECD, Paris.

図表1—4　所得金額階級別世帯数の相対度数分布

所得金額階級	高齢者世帯		児童のいる世帯		母子世帯	
	累積百分率(%)	百分率(%)	累積百分率(%)	百分率(%)	累積百分率(%)	百分率(%)
総数	・	100.0	・	100.0	・	100.0
50万円未満	4.0	4.0	0.1	0.1	1.8	1.8
50～100万円未満	15.3	11.3	0.9	0.7	11.7	10.0
100～150	27.8	12.5	2.8	1.9	32.1	20.4
150～200	39.2	11.4	4.9	2.1	46.3	14.1
200～250	50.7	11.5	8.9	4.0	60.8	14.6
250～300	60.9	10.2	12.3	3.5	71.6	10.8
300～350	70.9	10.0	18.0	5.6	82.7	11.1
350～400	78.8	7.8	23.3	5.4	88.2	5.5
400～450	84.1	5.4	29.1	5.4	92.2	4.0
450～500	87.8	3.7	34.9	5.7	95.3	3.1
500～600	92.2	4.4	47.0	12.1	97.8	2.5
600～700	94.9	2.6	58.7	11.8	99.6	1.8
700～800	96.2	1.3	68.4	9.7	99.8	0.2
800～900	97.1	0.8	76.1	7.7	99.8	―
900～1000	97.7	0.6	82.6	6.5	99.8	―
1000万円以上	100.0	2.3	100.0	17.4	100.0	0.2
1世帯当たり平均所得金額(万円)	306.3		701.2		236.7	
世帯人員1人当たり平均所得金額(万円)	195.5		164.6		87.6	
中央値(万円)	244		616		206	

出所）厚生労働省『平成19年　国民生活基礎調査の概況』2007年

ても子どもの貧困率の高い国となっている．ひとり親家庭の子どもの貧困率では，57.3％にもなる．さらに，図表1—3からは，親が働いていても貧困状態にあるという，他国にあまり類を見ない深刻な状況にあることがわかる[3]．

厚生労働省「平成19年　国民生活基礎調査の概況」（2007年）でも，児童のいる世帯の12.3％が中央値616万円の半分に満たない状況にある．母子家庭では，中央値そのものが206万円と，児童のいる一般世帯の約3分の1となっているにもかかわらず，その206万円にも満たない家庭が母子家庭全体の

46.3％にのぼる．その一方で，1,000万円を超える家庭も17.4％存在する（図表1-4参照）．

（2）子どもの育ちへの影響

こうした家庭の経済状況は，子どもの生活にどのような影響を与えているのだろうか．

文部科学省「平成18年度子どもの学習費調査」（2008年）をみると，補助学習費用（家庭教師や学習塾等），および学校外活動費（地域・体験活動，芸術文化活動，スポーツ・レクリエーション活動等）について，年間収入が400万円未満の世帯と1,200万円以上の世帯を比較すると，幼稚園から高校に至るまで3倍から5倍の格差が生じている．親の所得によって，子どもの学力形成の条件や文化的，社会的経験の内容に大きな差が生じていることがわかる．

本田由紀は，母親たちに対するインタビュー調査をとおして，学歴や階層の違いを超えて大半の母親が子育てに可能な配慮や努力を注いでいることを明らかにした．しかし，同時に，高学歴・高階層の母親と，そうでない母親とでは，「子どもの可能性を伸ばす」ということへの熱意や，そのために投入できる資源量に違いがあり，それが，子どもに大きな影響を与えていることを指摘している．まず，高階層の母親の子どもは高水準・広範囲の教育的・社会的経験により自己主張や活発さを身につけている例が多いのに対し，それ以外の層の子どもは意思や主張が弱く対人関係に飲み込まれやすい傾向をもつといった，子どもの現在の状態への影響がある．さらに，義務教育段階における学力の確保が子育ての有り様に大きく左右されており，それが学歴に影響し，学歴が就労形態に，就労形態が収入に影響するという，連鎖をなして，将来にまで影響がおよぶと指摘されているのである[4]．

「貧困の世代間連鎖」とは，親世代の貧困が子世代に引き継がれ，二世代以上にわたって，貧困が固定化していることである．本来ならば，社会保障制度や教育制度により是正されるものであるが，それらの機能不全による構造的な

問題である．最近の生活保護台帳を使用した研究（大阪府堺市保健福祉部：2007年，福岡県立大学付属研究所：2008年）などにより，「貧困の世代間連鎖」が確認されている．子ども時代に貧困の中で育ち，経済的・文化的・社会的資源を蓄積できなかった親が，その子育てを通じ，直接・間接に，子どもの生活習慣獲得や学力の形成，進路の選択に影響を及ぼし，貧困が子ども世代に引き継がれるという悪循環が形成されてしまっているのである．

（3）子ども家庭福祉の課題

これまでみてきたように，生活環境の変化，社会的・経済的環境の変化は，子どもや家庭に大きな影響を与え，日本の子どもたちの現在の幸せや将来への希望における格差を広げる形で進行している．

1989年に採択された「児童の権利に関する条約」では，その第6条で，締約国が「児童の生存及び発達を可能な最大限の範囲において確保する」ことを明記し，第27条では「児童の身体的，精神的，道徳的及び社会的な発達のための相当な生活水準についてのすべての児童の権利」を認め，その実現のために適当な措置をとることを定めている．日本もこの条約の批准国であり，条約に基づき，子どもの権利として，子どもが育つための社会保障整備が求められている．

子どもの福祉は，子どもの育つ家庭の安定あってこそ実現するものである．また，子どもの育つ環境は，子どもの将来に決定的な影響を与える．どのような家庭にうまれようとも，すべての子どもが健やかに育つことができる環境を整え，子どもとして大切にされる社会の仕組みを作っていくことが，緊急の課題となっている．

注
1）木下勇「道路環境からみた子どもの生活」日本子どもを守る会編『子ども白書2008』草土文化　2008年　p.163
2）深谷昌志「放課後の子どもたち」日本子どもを守る会編『子ども白書2008』

草土文化　2008 年　pp. 164-165
3）OECD 編著『図表でみる世界の社会問題』明石書店　2006 年　pp. 64-65
4）本田由紀『家庭教育の隘路　子育てに強迫される母親たち』勁草書房　2008 年　p. 199　p. 231

参考文献

内閣府『少子化社会白書』各年版
日本子どもを守る会編『子ども白書』草土文化　各年版
本田由紀『家庭教育の隘路　子育てに強迫される母親たち』勁草書房　2008 年
山野良一『子どもの最貧国・日本』光文社新書　2008 年

参考となるサイト

厚生労働省 HP　http://www.mhlw.go.jp/
総務省統計局 HP　http://www.stat.go.jp/
国立社会保障・人口問題研究所 HP　http://www.ipss.go.jp/

第2章
子どもの権利と子ども家庭福祉

● キーワード ●

子どもの権利，児童の権利に関する条約，子どもの最善の利益，
子どもの権利擁護

　本章では，① 日本における子ども家庭福祉のあゆみをたどっていきながら，欧米における子どもの権利思想の形成過程を把握する，② 子どもの権利とは何かを「児童の権利に関する条約」と併せて理解する，③ 子どもの最善の利益の保障とは何か，子どもの権利擁護とは何か，また権利主体としての子どもの育ちを支える具体的なサービスの現状や課題を理解することを学習のポイントとする．

1．子どもの権利と子ども家庭福祉のあゆみ

(1) 日本における子ども家庭福祉のあゆみ
　児童福祉法制定までの児童救済・保護の歴史を要約してみると，推古天皇の時代の聖徳太子が設立した「悲田院」から始まり，その後は，民間による慈善

事業など，恤救，慈善の言葉に代表される時代が続く．そして，明治の後半になると，各種の救済事業が行われるようになり，大正時代に入って，ようやく社会事業としての児童保護事業がはじまったといえる．

1）明治以後の児童救済・保護

　明治期においては，資本主義政策が進み，富国強兵や文明開化の道を歩むことになる．その一方で，堕胎や間引き，人身売買，棄児や貧児の問題が浮上し，そのなかで明治政府は，1868年に「堕胎禁止令」を交付し，子どもの生存の権利を法律で定めた．次いで1871年には「棄児養育米給与方」を布告し，棄児の養育者に子が15歳に至るまで年7斗にあたる米代が支給された．さらに，1874年にはわが国最初の救貧制度である「恤救規則」が制定された．しかし，この規則では，地縁や血縁の相互扶助を強調し，「無告の窮民」のみを対象とするきわめて厳格な制限救助主義を前提としたものであり，国家の責任において児童救済を行うことはなかった．貧困は社会の罪ではなく，個人の怠惰の結果であるとする思想が強かったためである．

　このように，児童救済を行う体制は貧弱であり，多くの児童は悲惨な生活を送ることとなった．よって，児童の保護・救済は，仏教やキリスト教などに基づく民間保護事業が負うこととなり，明治期は民間人の手によって多くの児童施設が設立されることになる．

　孤児あるいは棄児などを対象とした施設として，1879年に仏教慈善団体による「福田会育児院」が東京に，1887年にはキリスト教徒の石井十次による「岡山孤児院」がそれぞれ設けられている．石井はイギリスのバーナード・ホームの活動を参考にしながら，里親や小規模ケアの取り組みを行った．

　保育事業としては，1890年に赤沢鍾美が「静修学校付設託児所」を新潟に，1900年には野口幽香らが「二葉幼稚園」を四谷のスラム街に設立し，工場婦人労働者や貧困家庭対策としての保育事業が本格的に展開されていく．

　知的障害児の入所施設としては，1891年に「孤女学院（1896年に滝乃川学園

に改名)」が石井亮一によって設立され,その実践は,障害児の保護や教育の体系の確立に寄与した.

感化事業については,1884年に池上雪枝が大阪に「感化院」を設立,1899年には今日の児童自立支援施設の原型となる「家庭学校」が,プロテスタントである留岡幸助によって東京・巣鴨に設立された.小舎夫婦制による家族主義と「少年をして能く働かしむるとともに,能く食わせ,能く眠らしむる」という三能主義による生活指導,教育,職業訓練が行われた.そして,1900年には「感化法」が制定され,遊蕩または乞食,悪交のある満8歳以上16歳未満の児童を感化院に収容し,児童の罪を懲罰するのではなく,職業教育などを通しての感化教育が進められていった.

2) 昭和初期の状況:慈善から社会事業への発展

1920年代から30年代にかけて,世界大恐慌,東北,北海道の大凶作の後を受けて多くの社会問題が発生した.親子心中,人身売買,不良青少年の増加など,貧困がもたらす子どもの生活環境は劣悪なものであり,この深刻な問題への対応策として保護や救済を目的とした法律が作られていく.

まず,1929年に日本の公的扶助の原型といわれる「救護法」が制定され,13歳以下の困窮児童,妊産婦,乳児をもつ母子家庭などを児童保護の対象とし,救護施設として孤児院が法的に位置づけられることになる.救護法は,制限救助主義に立つものであったが,公的扶助義務を定めたわが国最初の法律として,1932年から実施された.

その後,1933年に人身売買や酷使の防止を図ることを目的とした「児童虐待防止法」が制定された.また同年には,「少年救護法」が制定され,要教護児の早期発見・保護に資することとなった.なお,これにより「感化院」は「少年教護院」と称するようになった.また,母子心中や欠食児童の増加等にかんがみ,1937年には貧困母子家庭の救済や保護を目的とした「母子保護法」が成立した.

3）児童福祉法の制定

第2次世界大戦後，日本国憲法が1946年に制定され，基本的人権（第11条），健康で文化的な最低限度の生活を営む権利（第24条），能力に応じて教育を受ける権利（第26条），児童酷使禁止（第27条）など，児童の権利に関するいくつかの規定が盛り込まれることになる．そして1947年に厚生局に「児童局」が設置され，同年12月に「児童福祉法」が公布された（1948年1月1日一部施行，同年4月1日全面施行）．戦争直後の浮浪児対策から脱却し，要保護児童だけでなく一般児童の健全育成事業の対策・強化とともに，児童の福祉の積極的増進を図ることを目的とした児童福祉法は，イギリスの児童法（1908年），ドイツの児童保護法（1922年），アメリカの社会保障法（1935年），イギリスのベヴァリッジ報告（1942年）などが参考にされた[1]．

児童福祉法では，第1条第1項，第2項で「すべて国民は，児童が心身ともに健やかに生まれ，且つ，育成されるよう努めなければならない」こと，「すべて児童は，ひとしくその生活を保障され，愛護されなければならない」ことを規定し，児童育成の公的責任を明確にし，要保護児童のみでなくすべての児童の福祉増進をめざすことをうたっている．また，第1条の児童福祉の理念においては，国民の義務と児童の権利という2つの側面を強調した点に特徴がみられる．さらに，第3条の原理の尊重においては，児童福祉の原理が，児童福祉法だけでなく，すべての児童に関する法令の施行にあたっても原理となるものであり，尊重されるべきものであることが規定されている点からも，この法律が児童の福祉や健全育成にかかわる統合的な立法であることが示される．

新しい子ども観を提示し児童福祉行政を確立していくために，1951年に，わが国はじめての児童権利宣言ともいえる「児童憲章」が制定された．その前文に示されているのが，「児童は人として尊ばれる」「児童は，社会の一員として重んぜられる」「児童は，よい環境の中で育てられる」であり，これら3つの基本的精神は，児童の尊厳性，無差別平等，児童の自己実現という児童福祉の理念と連なるものではあったが，内容としては簡略であり，当時の児童の権

利の認識の水準がうかがわれる．

4）児童福祉法以降の展開

1950年代以降，児童保護から児童福祉へという転換期を迎え，児童福祉法制定後，種々の児童福祉問題に対応するべく，制度の整備が徐々に図られていくことになる．

1961年，母子家庭を対象に支給される児童扶養手当について定めた「児童扶養手当法」が制定され，次いで1964年には重度の心身障害をもつ児童などに支給される「重度精神薄弱児扶養手当法」が制定され，その後「特別児童扶養手当法」(1966年)，「特別児童扶養手当等の支給に関する法律」(1974年)と改められる．また，母子家庭の福祉の増進を目的に「母子福祉法」(1964年)が制定され，1981年には母子家庭の母であった寡婦に対しても母子家庭に準じた保障を行うという改正がされ，現行名の「母子及び寡婦福祉法」となった．さらに，1965年には，乳幼児の健康の保持・増進を目的とした「母子保健法」，1971年には「児童手当法」が制定され，児童の福祉にかかわる法制度が整備，拡充されていった．

5）児童福祉から子ども家庭福祉への転換

近年，子どもや子育てをめぐる状況は大きく変化し，少子化の進行，共働き家庭の増加，家庭や地域の子育て機能の低下に対応するために，児童福祉は子ども家庭福祉という視点に立ち，子どもや親の育ち，子育て支援といった社会的支援を増大させていくことを重点に，法改正や諸施策が進められている．

子育てや仕事の両立支援などの充実を図ることを目的に，1994年には，「今後の子育て支援のための施策の基本的方向について（エンゼルプラン）」や「緊急保育対策等5か年事業」が策定された．その後，1999年には，仕事と子育ての両立のための雇用環境の整備や母子保健医療体制の整備などに重点を置いた「新エンゼルプラン」が制定された．

1997年の児童福祉法の改正（1998年4月施行）では，子どもの権利条約の批准や社会福祉基礎構造改革にともない，子どもの最善の利益の保障，保育所入所における「利用契約方式」の導入，児童相談所の機能強化などが図られることになった．また児童福祉施設においては，教護院が「児童自立支援施設」に，養護施設・虚弱児施設が「児童養護施設」になるなど，自立支援を基本にして施設の機能の統廃合と名称変更がなされた．

次いで，2000年には社会福祉法の改正にともない，児童福祉法が一部改正され，障害児の居宅支援事業についても措置制度から支援費制度へと変更された．さらに，2001年の改正では，認可外保育施設への指導監督の強化や保育士資格の法定化などが規定された．2000年5月には，深刻化する児童虐待の予防・対応を図ることを目的とした「児童虐待防止法」が制定され，それにともない児童相談所の専門性の強化を図るために，児童相談所所長や児童福祉司の任用資格の厳格化などを規定した児童福祉法の改正（2002年）が行われた．さらに2004年には，児童虐待等の問題の適切な対応に向けた児童相談体制の充実，児童福祉施設のあり方の見直しなどを目的とした児童福祉法の改正が行われた．

さらに，家庭や地域の子育て機能の低下に対応して，次世代を担う子どもを育成する家庭を社会全体で支援することや少子化対策を総合的に推進することを目的に，「少子化対策プラスワン」を踏まえた「次世代育成支援対策推進法」（2003年）が制定された．それにともない，児童福祉法も一部改正され（2003年），市町村における子育て支援の充実が図られることとなった．また，昨今の動きとしては，2009年4月に改正児童福祉法が施行され，家庭的保育事業をはじめとした子育て支援事業の質を担保するとともに，虐待を受けた子どもの社会的養護の体制を拡充する方向にある．

(2) 子どもの権利思想の形成過程

1) 子どもの権利思想の歴史的展開

人権思想の歴史は，18世紀にまで遡ることができる．この時期は，フランスの人権宣言に代表されるように，国家との関係における社会権の萌芽の時代といわれる．その結果，人は国籍，身分，階級等の区別なく，人として自由で平等な権利を有し，「国家権力によっても侵すことはできない」という近代的人権思想が誕生した．しかし，近代以前には，「子は父に服従する義務があり，子どもは権利をもたない」というホッブス（Hobbes, T.）の言葉が示すように，子どもの権利については必ずしも考慮されていたわけではなかった．市民革命を成し遂げたフランスでも，自由放任の体制は子どもに低賃金の労働酷使をもたらし，過労や栄養失調などによって死亡していくなど非人間的な生活を強いられていた．

フランスの思想家ルソー（Rousseau, J. J.）は，『エミール』（1762年）のなかで，主体的・能動的な生活者としての子どもの発見を主張した．その子ども観は，オーエンの幼児学校（1816年）やフレーベルのキンダーガーデン（1838年）などに引きつがれ，今日の幼児教育の基礎となっただけでなく，後の子どもの権利思想の展開の出発点となったのである．

20世紀初頭になって，スウェーデンの思想家であるケイ（Key, E.）は，その著書『児童の世紀』（1900年）のなかで，子どもの問題を子どもの立場からとらえる必要があると主張し，「20世紀を子どもの世紀に」という言葉で訴えた．それは，19世紀の産業革命，その後の資本主義の展開のなかで広がった児童の搾取や虐待など深刻な児童問題が，子どもの成長・発達にもたらす悪影響を懸念したことによる．また，同時に，「子どもは決して大人の未完成なものでも未成熟なものでもない」という子どもを独自の存在ととらえ，子どもに経験の選択の自由と危険，自己判断や意見表明の意味を教えることの重要性とそのための家庭教育の役割を説いた．

同時代に子どもの権利思想の形成に多大な影響を与えたのが，ヤヌシュ・コ

ルチャック (Korczak, J.) である．彼は，孤児院の経営などの社会事業や教育活動に携わるなかで実践的な子どもの権利論をまとめた．彼は，「子どもには愛される権利がある」「子どもには最適な条件のもとで成長発達する権利がある」といった従来の保護や救済の対象としての「受動的な権利を有する子ども観」だけでなく，「子どもには要求し，主張し，問う権利がある」「子どもには不正に抗議する権利がある」といった「権利行使主体としての子ども観」を明確に記し[4]，後の「児童の権利に関する条約」の内容に影響を与え，「子どもの権利条約の精神的な父」とよばれた．

2）子どもの権利の国際的宣言

　子どもの権利を実現するための法制化の活動が進むのは，19世紀後半になってからである．イギリスでは，「児童虐待防止法」(1989年)，「児童保護法」(1989年)，「母子保健法」(1902年)，「児童法」(1908年)，児童救済基金団体連合の発表した「世界児童憲章」(1922年）など，家庭や母親の保護，児童の健全育成，教育を受ける権利などを認めるようになった．ドイツでは，児童の身体上，精神上および道徳上の愛育を受ける権利を定めた「児童保護法」が1922年に制定された．また，アメリカでは，1909年にルーズベルト大統領が開いた第一回白亜館会議（ホワイトハウス会議）において，要保護児童の保護をテーマとし，児童保護のための社会的責任についての議論がなされた．しかし，国際的な立場から児童の権利が体系化されたのは，「子どもの権利宣言（ジュネーブ宣言）」が出発点であるといえる．

　ケイ (E. K. S. Key) は「20世紀を子どもの世紀に」とうたったが，現実には，20世紀は第1次世界大戦とともに幕開けし，ヨーロッパを中心に子どもを含む多くの犠牲者をもたらした．こうした歴史の反省の上に立って，1924年に国際連盟において「子どもの権利宣言（ジュネーブ宣言）」が採択されたのである．

　前文に「すべての国の男女は，人類が児童に対して最善のものを与えるべき

義務をおこなうこと」としている．また，「人種，国籍または信条に関する一切の事由に関わりなくすべての児童」に対して，この宣言に掲げられた権利を保障することが述べられている．宣言の本文は5項目からなり，主として子どもの生存と発達のための最低限の保護を重視したものであったが，この宣言により，救済・保護の対象としての子どもの権利思想の礎が築かれた．

　第2次世界大戦後，ジュネーブ宣言や1948年の「世界人権宣言」の精神を継承した「児童の権利宣言」が，1959年に国連総会本会議において採択された．宣言の前文には，「人類は児童に対し，最善のものを与える義務を負うものである」とあり，児童の無差別平等（第1条）や児童の最善の利益についての考慮（第2条），障害のある児童への治療・教育・保護（第5条），児童の放任，虐待，搾取からの保護と児童労働の禁止（第9条）など，全10条の条文を盛り込み，より具体的な児童の権利保障を規定した．

　1966年には，法的拘束力をもつ「国際人権規約A・B」が制定され，その中に児童の権利（B・第24条第1項）が盛り込まれ，子どもを権利主体とした最初の条文となった．そして，1978年には，「子どもの権利に関する条約（ポーランド草案）」が，国連人権委員会に提出されるなど，子どもを権利の主体とする児童観が確立していった．

2．児童の権利に関する条約（子どもの権利条約）

（1）児童の権利に関する条約の意義と特徴

　子どもの権利思想の形成や運動の蓄積，子どもの権利宣言などの国際的な法の整備を経て，1989年11月20日，国連総会第44会期において，ついに「児童の権利に関する条約（子どもの権利に関する条約：Convention on the Rights of the Child）」が採択された（日本は1994年5月に批准）．

　児童の権利に関する条約は，子どもの最善の利益の確保を軸として，親や家庭の存在の重要性，特別な保護や配慮の必要性など，子ども固有の権利を詳細

かつ具体的に規定しただけでなく,「権利行使の主体」としての位置づけを明確にしたことが従来の諸規定と大きく異なる点である.

条約は,前文と第1部から第3部の計54ヵ条から構成されており,前文は原則を示し,第1部は締約国が負うべき義務,第2部・第3部は条約の遵守,監視,促進などについて規定している.

第1部の内容は,①児童の生存・保護・発達保障に関するもの,②児童の最善の利益,子どもの権利を保障する主体としての親の第一義的養育責任など,児童の特性に配慮したもの,③児童の意見表明,思想・良心の自由など,子どもの主体的な権利行使を認めるもの,の3つに類型化される.

子ども自らが権利行使の主体となるためには,まず,自らの権利について理解する必要がある.そのためには,それぞれの発達段階に応じて,わかりやすい方法で,権利の意味,内容,行使の方法などについて学ぶ環境を整える必要がある.児童の権利に関する条約第5条では,子どもがこの条約に認める権利を行使するにあたり,父母や法定保護者など子どもの養育に責任を持つもの

図表2—1 報告診査制度(子どもの権利条約第44条・第45条)

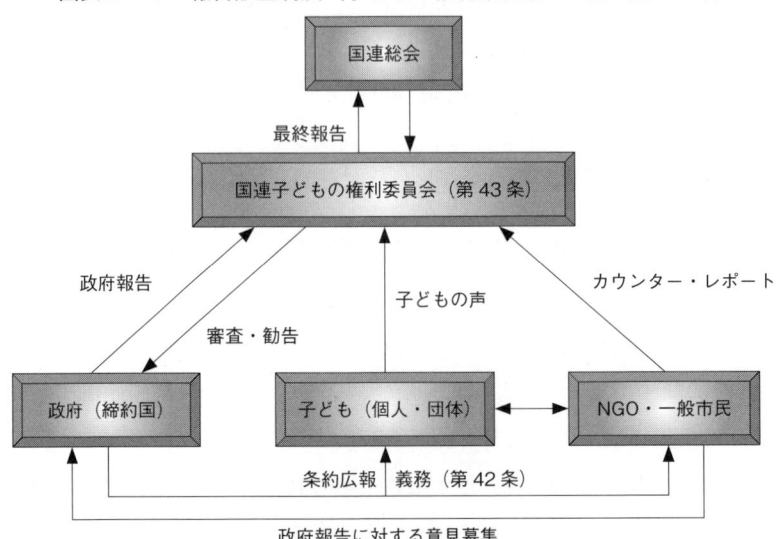

が,「その児童の発達しつつある能力に適合する方法」で,適切な指示や指導をするべきであるとしている.

次に,子どもは,権利の主体者として,自らの意見を表明する適切な方法を学ばなければならない.児童の権利に関する条約第12条では,「自己の意見を形成する能力のある児童がその児童に影響を及ぼすすべての事項について自由に自己の意見を表明する権利」があり,その意見は「年齢や成熟度に従って相応に考慮される」と述べている.これは,子ども自身が,自らの幸せな生活について思いを巡らせ,それを自らの意志で表現する能力を求められるということである.そこで,子どもの育成にかかわる保護者,国,地方自治体および社会は,自由で民主的な大人へと成長する「権利行使の主体としての子ども」という視点を明確にし,子どもが持てる能力を最大限に発達させることができるように援助しなければならない.

(2) 児童の権利に関する条約を実現する仕組み

児童の権利に関する条約は,子どもの権利の実現を確かなものにするために,次のような報告審査制度を有している(図表2－1参照).審査内容は,子どもの権利に関する政府のあらゆる施策とその進捗状況である.子どもの権利委員会(CRC = The Committee on the Rights of the Child)は,児童の権利に関する条約第43条に基づき,1991年に国連でその活動を開始した.その目的は,この条約の内容が各国で適切に実現されるように審査することであり,締約国の政府報告とNGOや一般市民からの報告を基に,その国の子どもの権利保障に関する施策を評価し課題の指摘を行う.

締約国は,取り組みの進捗状況を条約発効後2年以内に,その後は5年ごとに委員会へ報告する義務がある(第44条).委員会の組織は,法律の専門家,福祉活動の従事者,児童心理学者,医師など18人の専門家で構成されている.

なお子どもの権利委員会は,締約国の政府報告が十分でない場合はより詳細な情報をその国に求めることができる.その際に,UNICEF(国連児童基金)や

国際機関，専門的団体（NGO）に報告や助言を求めることができる（第45条）．NGOから提出される報告書はカウンター・レポートとよばれ，政府報告に対してその報告の内実性をNGOや一般市民がそれぞれの視点から問い直し，調査した実態を委員会に報告することで，政府の報告書からはみえてこないさまざまな問題点を指摘し，子どもの権利の向上をめざすものである．

(3) 日本の進捗状況

1989年に児童の権利に関する条約が国連総会で採択されて20年，日本政府が批准して15年が経つが，この間の日本の進捗状況について，子どもの権利保障や権利擁護を中心に簡単にみていくことにする．

わが国では子どもの権利の侵害を監視し，救済を行うことを趣旨とした法律に該当するものとして，「児童買春，児童ポルノに係る行為等の処罰及び児童の保護等に関する法律（児童買春・ポルノ禁止法）」(1999年)，「児童虐待の防止等に関する法律」(2000年)の制定が挙げられる．また，子どもの権利擁護を目的とした国や自治体レベルの取り組みとしては，1994年度より，「子どもの人権専門委員」制度が開始され，その後，各自治体で「人権オンブズパーソン制度」や「子どもの権利擁護委員会」が設置されるなどの動きが進んでいる．とくに児童が成長発達過程にあることを配慮し，権利侵害という状況を未然に防ぐことが重要となる．権利侵害への監視・救済については，子ども自身の意見を充分に聴き，子どもの最善の利益が達成されるように配慮する必要がある．また，子どもの声や権利を代弁するしくみづくりや，子どもの当事者能力を評価し，エンパワーメントを高めていく配慮が必要となる．

児童養護分野における権利擁護の動きについては，児童養護施設などに入所する児童への「子どもの権利ノート」の配布がある．1995年に大阪府が作成し，配布したことをきっかけに各自治体でも作成が進んでいる．また，1997年の児童福祉法改正に伴う児童福祉施設最低基準の改正では，施設長の懲戒権の濫用が禁止され（同9条の2），2000年の改正では，苦情解決システムが導入

第2章　子どもの権利と子ども家庭福祉　27

図表2−2　子どもの権利に関する動き

年	世界	日本
1922（大正11）年	世界児童憲章	
1924（大正13）年	児童の権利宣言（ジュネーブ宣言）	
1946（昭和21）年		日本国憲法
1947（昭和22）年		児童福祉法（国と国民等の責任を明示） 教育基本法・学校教育法・労働基準法
1948（昭和23）年	世界人権宣言	少年法
1951（昭和26）年		児童憲章（児童福祉の理念構造を明示）
1959（昭和34）年	児童の権利に関する宣言	
1965（昭和40）年	あらゆる人種差別の撤廃条約	
1966（昭和41）年	国際人権規約A（経済的，社会的及び文化的権利に関する国際規約） 国際人権規約B（市民的及び政治的権利に関する国際規約）	
1975（昭和50）年	障害者の権利宣言	
1978（昭和53）年	ポーランドが国連人権委員会に「子どもの権利に関する条約」草案を提出	
1979（昭和54）年	国際児童年 女子差別撤廃条約	国際人権規約A・B（9月21日発効）
1985（昭和61）年	少年司法運営に関する国連最低基準規則（北京ルール）	
1986（昭和62）年	国内外の里親，養子縁組についての児童保護福祉の社会的法的な原則宣言	
1989（平成元）年	児童の権利に関する条約（子どもの権利条約）	
1990（平成2）年	少年非行防止のための国連ガイドライン（リヤド・ガイドライン） 自由を奪われた少年の保護に関する国連規則（自由規則） 子どもの生存・保護および発達に関する世界宣言 国連子どもサミット（ニューヨーク国連本部）	
1993（平成5）年		厚生省子どもの未来21プラン（権利行使の主体としての子ども）
1994（平成6）年	国連人権教育の10年（1995〜2004年）	子どもの権利に関する条約を批准（158番目の締約国，5月22日発効）

年		
1995（平成7）年		大阪府『子どもの権利ノート』作成
1996（平成8）年		第1回政府報告書提出（子どもの権利条約）
1997（平成9）年		児童福祉施設最低基準第9条の2「懲戒権の濫用の禁止」 児童福祉法改正（子どもの最善の利益の尊重）
1998（平成10）年		かながわ子ども人権審査委員会（神奈川県設置第三者機関）
1999（平成11）年		児童買春，児童ポルノに係る行為等の処罰及児童の保護等に関する法律（児童ポルノ禁止法）
2000（平成12）年	子どもの売買，子ども買春および子どもポルノグラフィーに関する子どもの権利条約の選択議定書 武力紛争における児童の関与に関する児童の権利に関する条約の選択議定書	児童福祉施設最低基準第14条の2「苦情への対応」 児童虐待の防止法等に関する法律（児童虐待防止法）
2001（平成13）年		第2回政府報告書提出（子どもの権利条約）
2002（平成14）年	国連子ども特別総会（子どもにふさわしい世界）	
2004（平成16）年		武力紛争における児童の関与に関する児童の権利に関する条約の選択議定書を批准
2005（平成17）年		子どもの売買，子ども買春および子どもポルノグラフィーに関する子どもの権利条約の選択議定書を批准
2006（平成18）年	障害者権利条約	
2008（平成20）年		第3回政府報告書提出（子どもの権利条約）

出所）市川昭午・永井憲一監修『子どもの人権大辞典』エムティ出版　2001年　p.5を一部修正・加筆

された（同14条の2）．さらに，2009年の改正児童福祉法において，職員による虐待や子ども間暴力の放置を「被措置児童等虐待」と位置付け，発見者に児童相談所への通告義務を課すなどの新たな権利擁護の動きが進んでいる．

　子どもの主体的な権利行使を大人や社会が積極的に支援する活動としては，「子ども条例」など子どもを主体とした施策づくりの取り組みが各地で進んでいる．その内容としては①子育て支援を中心にしたもの，②子どもの権利を基盤にした子ども支援を中心にしたもの，③子どもの権利と義務，あるいは旧来の子どもの健全育成の考え方が混在するものなどさまざまであるが，条例の構成については，概ね子どもの育ちや参加の権利を尊重したまちづくり，子どもの権利擁護などについて提示している．また，条例制定過程において，子どもの声を聞くための集会やワークショップを開催するなど，子どもの意見表明を保障する活動がなされている．

　このように，子どもの権利条約の批准をひとつの契機として，少しずつではあるが，子どもの権利を保障する施策や取り組みが着実に進められている．

3．子どもの最善の利益の保障に向けて

　児童の権利に関する条約においては，子どもの健全な成長や発達を保障する親の第一義的養育責任を強調しているが，近年の子どもを取り巻く家庭環境は，人間関係の希薄化，長時間労働などによる親子の接触時間の減少，育児不安や子育ての孤独化，子ども虐待など多くの課題が生じている．また，子どもをめぐる社会環境は，遊び場の不足，子どもが被害者となる犯罪の増加，いじめ等の事態の深刻化，有害な情報の氾濫など，子どもの成長発達の場となる家庭と地域社会がその機能を果たすことが困難となってきている．

　このような環境のなかで，現代の子どもたちは，①個としての主体性の否定，②人間関係の喪失，③人格形成の機会の喪失（自分らしくかつ他人や社会のためにも生きられるような人格へと成長発達する機会の剥奪）という「子ども期の

喪失[6]」のなかで育っているといっても過言ではない．

　子どもが，安心して受容してもらえる家族関係や十分な成長発達の機会を保障される安定した居場所である家庭環境を築くためには，児童の権利に関する条約が規定している国の家庭に対する援助を積極的に進めていくことが不可欠であるといえる．

　まず，保護者の養育責任と仕事とを両立できる環境の保障という観点から，家族政策とあわせて労働政策を展開していくことが求められる．あわせて，養育機能の低下した家庭を援助していく総合的かつ専門的な施策が図られると同時に，子どもの権利保障という視点から保健・医療・教育・福祉など行政機関の連携がなされなければならない．

　さらに近年，保育格差（待機児童の問題，公立保育所の運営課題など），障害をもつ子どもの保育や療育，就学や自立支援，ひとり親家庭の子ども，家庭環境を奪われた子どもの養護環境など，子ども福祉をめぐる問題とニーズの多様化・複雑化が生じている．これらの問題は，1980年代からの福祉切り捨て政策，つまり福祉財源を節減する方向が積極的に進められてきたことによる弊害とあわせて考えなければならない．地方自治体の財政状況の悪化は，福祉行政の機能低下，施設職員の削減による労働条件の悪化やサービスの質の低下，認可保育所の保育料の値上げをもたらした．さらに認可外の保育サービス，ベビーホテルなど，保育産業に多様な民間事業者が参入したことによってもたらされた悲惨な事件や保育サービスの質の低下，児童扶養手当の引き下げや生活保護の打ち切り，これらの現状が，直接的・間接的に子どもの成長・発達に影響を及ぼしていることはいうまでもない．

　すべての子どもが健康的で文化的な生活を営むことができるよう，また，子どもの最善の利益を保障するという児童の権利保障の基本的観点から，児童福祉法，児童福祉施設最低基準，子育て支援施策の内容，財政措置のあり方などの見直しを図ることが重要であるといえる．

注

1) 井上肇『児童福祉の理論と実際』川島書店　1972年　pp.67-68
2) ホッブス著，水田洋訳『リヴァイアサン』岩波文庫　1954年
3) ケイ，E.著，大村仁太郎訳『二十世紀は児童の世界』精華書院　1906年
4) コルチャック，J.著，ジョセフ，S.編著，津崎哲雄訳『コルチャック先生のいのちの言葉』明石書店　2001年　pp.209-210
5) 「地方自治と子ども施策」全国自治体シンポジウム2008報告資料集　p.7
6) 子どもの権利を守る国連NGO・DCI日本支部編『子ども期の回復―子どもの"ことば"をうばわない関係を求めて』花伝社　1999年　p.21

参考文献

柏女霊峰・山縣文治編著『増補　新しい子ども家庭福祉』ミネルヴァ書房　2002年

子どもの権利を守る国連NGO・DCI日本支部編『子ども期の回復―子どもの"ことば"をうばわない関係を求めて』花伝社　1999年

許斐有・望月彰・野田正人・桐野由美子編『子どもの権利と社会的子育て』信山社　2002年

鈴木祥蔵監修『子ども人権と保育・教育』保育出版社　2005年

永井憲一・寺脇隆夫編『新解説　子どもの権利条約』日本評論社　2000年

日本弁護士連合会編『子どもの権利条約と家族・福祉・教育・少年法』こうち書房　1994年

参考となるサイト

日本ユニセフ協会HP　http://www.unicef.or.jp/
DCI日本支部　http://www.dci-jp.com/

第3章
子ども家庭福祉のしくみ

●キーワード●
児童福祉法，保育士，専門機関，関連法

1．子ども家庭福祉の法律

(1) 児童福祉法の概要

1) 現行児童福祉法成立までの経緯

　第二次世界大戦は国民に多大の犠牲を強いた．とくに子どもは，生命や健康を損ない，生活基盤である家庭や家族を失うという甚大な人権侵害を受けた．このような状況のなかで，子どもの生命，健康，生活，福祉の向上と生活権の保障を目的として，1947（昭和22）年に「児童福祉法」が制定された．

　同法の特性は，これまでのような要保護児童だけを対象とした救済対策ではなく，すべての児童の健全育成を目的とした点にある．また，児童の生存権，発達権の実現に配慮し，国や地方公共団体が保護者とともに児童育成の責任を負うことに言及したことも，新たな児童福祉行政の第一歩といえる．

　1960年代以降の高度経済成長期になると核家族化や共働き家庭の増加など

生活環境の変化にともない，福祉ニーズも多様化した．児童福祉施設も，障害をもつ子どもを対象とした施設の種別が多様化し，保育所などで実施する福祉事業の内容も多様になった．1980年代は経済の低成長期を迎え，少子・高齢化社会の問題も徐々に顕在化してきた．また，女性の社会参加も顕著になった．このような社会の変化のなかで，「児童福祉法」も段階的に改正されていった．その一つはサービスの利用契約制度の導入であり，もう一つは仕事と育児の両立のための育児支援サービスの充実である．

育児支援サービスの充実については，エンゼルプランを手始めに，保育サービスの目標値と目標達成のための支援計画の策定が，地方自治体に義務づけられ，計画の実現の責任を負うことになった．また，保育に欠ける学童期の子どもの子育て支援事業として放課後児童健全育成事業が児童福祉法上に位置づけられた．

利用契約制度については，1997（平成9）年に保育所の入所手続きが利用契約制度になったことを手始めに，障害児サービスなども，利用したサービスに応じて費用負担をする応益負担に改められるなどの改訂が行われた．

その後も，少子化傾向に歯止めがかからず，子どもを取り巻く社会環境はより厳しい状況が続き，不登校や非行，虐待，発達障害など，子どもと家庭が抱える問題が社会問題化してきた．

2006（平成18）年には，児童虐待の防止等に関する法律との関連で，「児童福祉法」の改正が行われ，児童相談所を中心に，市町村窓口，児童家庭支援センター，児童福祉施設などが連携して，児童虐待に対処するしくみが創設された．2008（平成20）年には，里親制度の改正，小規模住居型児童養育事業の創設など，家庭的養護を充実することを盛りこんだ法の改正が行われた．

2）児童福祉法の概要
① 児童の福祉に係る法制度
児童の基本的な人権を守り，最善の利益となる環境を整備するためには，福

祉サービスにかかわる規定だけでなく，経済的基盤や医療・保健，教育，労働など多面的な法制度の整備が必要である．

児童の福祉に関連する法制度は，児童の福祉に直結する法律として「児童福祉法」「母子及び寡婦福祉法」「母子保健法」，児童福祉に関連する経済的支援に関する法律として「児童手当法」「児童扶養手当法」「特別児童扶養手当等の支給に関する法律」などの社会手当がある．児童の心身の健康と権利擁護に関する法律として「児童虐待の防止等に関する法律」「少年法」「児童買春，児童ポルノに係る行為等の処罰及び児童の保護等に関する法律」などがある．

また，関連の深い分野の法律として，「生活保護法」「障害者基本法」「発達障害者支援法」「社会福祉法」「障害者自立支援法」などがある．

② 児童福祉法の概要

児童福祉法は，すべての児童が，「心身ともに健やかに」育成されることを目的とした，児童の福祉の柱となる法律である．

児童福祉法は，総則と「福祉の措置及び保障」，「事業及び施設」，「費用」，「雑則」が設けられている．総則には第1条「児童福祉の理念」，第2条「児童育成の責任」，第3条「原理の尊重」が定められている．

③ 児童福祉の原理

児童福祉の原理は，第1条，第2条に示されている．第1条「すべて国民は，児童が心身ともに健やかに生まれ，且つ，育成されるよう努めなければならない．2．すべて児童は，ひとしくその生活を保障され，愛護されなければならない．」は，子どもの生存権，発達権の尊重と，愛護される権利の保障を意味するものである．また，子どもの権利の保障については，子どもを養育する親だけでなく，すべての国民の責任であることを示している．第2条「国及び地方公共団体は，児童の保護者とともに，児童を心身ともに健やかに育成する責任を負う」では，子どもの育成の責任が，親だけではなく，公的な責任でもあることを明確にしたものである．児童の権利に関する条約では，「親や法定保護者が第1義的な責任を有する（第18条）」ことを明示した．

しかし，加えて締約国も親が育成の責任を果たせるように配慮しなければならないとも述べている．わが国では，この公的責任を先駆的に示していたといえる．

第4条から第6条は，法の対象の定義を示したものである．この法で「児童」とは「18歳未満の者」をいい，これを，乳児（満1歳に満たない者），幼児（満1歳から小学就学の始期に達するまでの者），少年（小学就学の始期から満18歳に達するまでの者）に区分している．

④ 児童福祉の事業・施設，実施機関等

第1章6条の2以降は，児童福祉に基づいて実施される事業と里親，施設について定めている．児童福祉法に基づく事業には「児童自立生活援助事業」「放課後児童健全育成事業」「子育て短期支援事業」「乳児家庭全戸訪問事業」「養育支援訪問事業」「地域子育て支援拠点事業」「一時預かり事業」「小規模住居型児童養育事業」がある．児童福祉施設は14種類が定められている．

また，第2節から第4節では，児童福祉の行政組織，実施機関とその業務など，児童福祉のしくみについて定められている．内容としては，児童の福祉に関する事項について調査審議を行う「児童福祉審議会」の業務，実施機関である「市町村・都道府県」「児童相談所」「保健所」等の役割と業務分担，「児童福祉司」「児童委員」「保育士」の職務などがある．

⑤ 福祉の保障

第2章では，療育の指導や療育の給付，居宅生活の支援，子育て支援事業の内容や給付の方法，助産施設・母子生活支援施設・保育所のサービスの実施について定めている．また障害者自立支援法との関連で，障害児施設給付費，高額障害児施設給付費，障害児施設医療費等の支給内容や支給の手続きなどが定められている．

第3章では，児童自立生活援助事業など第1章で定義された児童福祉に関する事業の開始手続き，事業の実施者など事業提供の方法や，児童福祉施設の設置，それぞれの児童福祉施設の設置目的，児童福祉施設に入所中の児童の教

育，相談・助言，保健所の情報提供などについて定めている．また，第4章では，施設入所に要する費用の支弁や徴収や負担について定めている．

児童福祉法の理念を実現するための重要な関連省令として「児童福祉施設最低基準」がある．これは，児童福祉施設の環境や職員に関する基準を定め，子どもの健全な育成環境を維持し，子どもの最善の利益をはかるものである．

また，児童福祉法の実施するサービスについても，一部，利用契約制度が導入されたことから，利用者の権利を保障するしくみとして，施設等の自己点検評価，第三者評価などの評価制度，苦情解決制度などが取り入れられた．

(2) 母子及び寡婦福祉法制定の経緯と概要

1) 母子及び寡婦福祉法制定の経緯

第2次世界大戦によって夫を失い，取り残された母と子の世帯は，住居や経済的な支柱を失い，子どもの養育が困難になったり，自立した生活を営むことができなくなるなど，わが国の大きな社会問題となっていた．この問題を改善するため，1953（昭和28）年に「母子福祉資金の貸し付け等に関する法律」が制定され，その後，1961（昭和36）年に「児童扶養手当法」などの公的扶助制度が整備された．

1964（昭和39）年に「母子福祉法」が公布され，母子における総合的な生活保障が規定された．この法は，1981（昭和56）年に「母子及び寡婦福祉法」と改称され，子どもが自立した後の寡婦に対する援助が付加された．

2) 母子及び寡婦福祉法の概要

この法律は，母子家庭等が必要な保護を受け，健康で文化的な生活を保障されるために必要な施策を講じ，また，母等が養育する児童の心身の健やかな育成に必要な諸条件を保障されるように，母子家庭等及び寡婦に対して，その生活の安定と向上のために必要な措置を行い，母子家庭等及び寡婦の福祉を図ろうとするものである（第1条）．母子家庭の母や寡婦は自立のための努力をし，

家庭生活や職業生活の安定と向上に努めなければならない．都道府県は，こうした法律の基本方針に基づき，母子家庭及び寡婦の自立促進計画を策定することが義務付けられた．

この法律で，「児童」は「20歳に満たない者」を指す．また，「母子家庭等」とは，母子家庭及び父子家庭をいい，「母等」とは，「母子家庭の母」「父子家庭の父」をいう．

この法では母子家庭等や寡婦について，「母子福祉資金の貸し付け」「母子福祉団体に対する貸付け」「母子家庭自立支援給付金の支給」「居宅における日常生活支援」「売店等の設置の許可」「寡婦日常生活支援事業」「母子福祉施設」等の福祉の措置を講じている．

都道府県，市町村では福祉事務所に母子自立支援員を配置し，母子家庭の母，寡婦に対しての相談援助，自立に必要な情報の提供や指導，また，職業能力の向上や求職活動への支援を行っている．

市町村は，母子家庭等の福祉が増進されるように，保育所に入所する児童を選考する場合には特別の配慮をしなければならないことになっている．

（3）母子保健法制定の経緯と法の概要

第2次世界大戦後の経済的な混乱と貧困生活のなかで，わが国の妊産婦，乳幼児の死亡率は非常に高く，子どもたちは栄養失調状態で身体の発育状態も悪かった．こうした問題を解決するために，1965（昭和40）年に「母子保健法」が制定された．

この法律の目的は「母性並びに乳児及び幼児の健康の保持及び増進を図るため，母子保健に関する原理を明らかにするとともに，母性並びに乳児及び幼児に対する保健指導，健康診査，医療その他の措置を講じ，もって国民の保健の向上に寄与する」（第1条）ことである．

母子保健法では，母性の尊重と乳幼児の健康，増進のために次のような事業を行っている．母子健康手帳の交付，妊産婦・新生児や未熟児の訪問指導，妊

産婦や乳幼児の定期的な健康診断などを市町村が行うことを定めている．また，入院を要する未熟児に対して，診療や治療などの養育医療の給付を行う「養育医療」制度を定めている．

同法による施設として「母子健康センター」がある．市町村はこのセンターを設置するように努め，母子保健に関する各種の相談に応じるとともに母性ならびに乳児および幼児の保健指導を行い，あわせて助産を行う．

（4）経済的支援に関する法律
1）児童手当法

1968（昭和43）年に厚生大臣の私的諮問機関「児童手当懇談会」が発足し，1971（昭和46）年に「児童手当法」が成立した．子育て家庭の経済的な支援によって，急速にすすむ少子化を阻むことを目的に，各家庭の子育て費用を支援するために，支給対象と支給額が何度も改正された．

この法の目的は「生活の安定に寄与するとともに，次代の社会を担う児童の健全育成及び資質の向上に資すること」であり，社会保障制度の一端を担うものとして制定された．

同手当の概要は，児童を養育する父母，保護者等に支給される．支給要件は0歳以上12歳未満の者に対し1人につき月額5,000円，3人目以降については10,000円が支給される．また乳幼児加算として，0歳以上2歳未満の者に対し，児童手当額に上乗せして5,000円が支給される．ただし，同手当は所得制限があり，一定以上の所得のある親，保護者等に対しては同手当の支給は行われない．しかし，2010（平成22）年には，「児童手当法」の骨格を基礎に，来年度のみの「子ども手当法」が制定された．この制度では，対象は0歳から15歳未満のすべての子どもを対象に月額1万5000円が支給されるようになった．また所得制限はすべて撤廃となっている．この手当は，改正予定であるが，参議院で過半数を得ていない与党案が可決成立するには紆余曲折が予想される．（2011（平成23）年2月7日現在）

少子化対策，子育て支援の切り札である社会手当であるが，欧州と比較した場合，まだ手当額は半分程度であり，支給対象年齢も低く，さらなる拡充が求められている．

この制度では，こうした手当の支給に加えて，児童の健全育成を図るための事業（児童育成事業）が実施されている．主な内容は「こどもの城」，「愛知国際児童年記念館」の整備，児童厚生施設（児童館，児童センターなど）の整備，事業所内保育施設の整備および運営への助成，在宅保育サービス事業，児童関連情報24時間ネットワーク事業等の子育て支援事業への助成，地域における健全育成活動，家庭支援相談事業等への助成である．

2）児童扶養手当法

この法は，「父と生計を同じくしていない児童が育成される家庭の生活の安定と自立」を促進することによって，その家庭で養育する子どもの心身の健やかな成長に役立てるために，児童扶養手当を支給するものである．

この法で「児童」とは，「18歳に達する日以後の最初の3月31日までの間にある者」あるいは「20歳未満で政令で定める程度の障害の状態にある者」をいう（第3条）．

この手当の対象は，「父母が婚姻を解消した児童，父が死亡した児童，父が政令で定める程度の障害の状態にある児童，父の生死が明らかでない児童」等の場合，その児童を監護する母や，母がいないあるいは母等が監護することができない場合にはその養育者に対して支給される．ただし，所得制限があり，母または養育者の所得が限度額を超えると，減額されたり，支給されなかったりする．

3）特別児童扶養手法等の支給に関する法律

この法は，「精神又は身体に障害を有する児童について特別児童扶養手当を支給し，精神又は身体に重度の障害を有する児童に障害児福祉手当を支給する

とともに，精神又は身体に著しく重度の障害を有する者に特別障害者手当を支給することにより，これらの者の福祉の増進を図る」ことを目的としている．

障害をもつ児童を養育する家庭では，その子どもの医療や療育，発達支援等のサービス利用には，特別に経済的な負担が発生する．こうした状況に対処し，子どもの基本的人権，発達権を保障するために，1964（昭和39）年に「重度精神薄弱者扶養手当法」が制定され，重度の知的障害児を養育する保護者等に支給されることになった．その後，「特別児童扶養手当法」（1966年）に改称され，内容も重度の知的障害児だけでなく，重度の身体障害児も受給対象と変更になった．さらに対象が内部障害，合併障害をもつ者に拡大されたり（1972年），保護者等の国籍要件も廃止され（1982年）るなど，障害をもつ子どもの養育をする世帯の経済的な支援が整備されてきた．

現在，この法に基づく手当は，「障害児の父もしくは母がその障害児を監護するとき」「父，母以外の者がその障害児を養育するとき」に，父，母またはその養育者に支給される．加えて，同法には「障害児福祉手当」，「特別障害者手当」が規定されている．支給については所得制限があり，保護者，養育者等において所得が一定額を超える場合，同手当は支給されない．

（5）児童の福祉・権利擁護に関わる法律
1）児童虐待の防止等に関する法律

子どもの虐待は，子どもの心身の発達を阻害するだけでなく，生存権，発達権，愛護される権利を侵害するものである．近年，わが国では，社会経済的な変化や人口減少社会の問題，それにともなう家庭機能の低下，育児不安などさまざまな要因が絡み合って，児童虐待が増加し，社会問題となっている．子どもの権利委員会の勧告でも，わが国では虐待などの防止や子どもの意見表明の法整備という観点からみて，子どもの権利に関する配慮が十分とはいえないとしている．

こうした国際的な評価に対して，子どもの権利保障の視点から虐待の予防と

被虐待児の保護について，2000（平成12）年に「児童虐待の防止等に関する法律」が施行された．

「児童虐待の防止等に関する法律」（2006年改正）は，児童虐待が児童の権利侵害と心身の成長，人格の形成に重大な影響を与え，さらに次世代の育成にも懸念を及ぼすという観点から，「児童に対する虐待の禁止，予防及び早期発見その他の児童虐待の防止に関する国および地方公共団体の責務，児童虐待を受けた児童の保護及び自立の支援のための措置等」を定め，虐待の防止施策の促進と児童の権利利益を守ることを目的としている（第1条）．

また，この法の重要な目的の一つである児童虐待の予防・早期発見のために，虐待を発見しやすい立場にある児童福祉施設職員や医師，保健師，学校教職員，弁護士その他職務上児童の福祉に関わる者が，積極的に児童虐待の早期発見に努めなければならないことを定めている．また，虐待を受けていると思われる事例を発見した者は，児童相談所，福祉事務所に通告することも義務づけられた．

さらに，児童相談所は，虐待の防止と被虐待児の保護のために，市町村窓口との連携や指導の中核的な役割を担い，積極的に虐待を疑われる家庭に指導・援助を行い，また，被虐待児を保護する専門機関としての役割を担うことになった．

児童相談所は，虐待が行われている場合，保護者等の同意なしに家に立ち入り調査をし，場合によっては子どもを一時保護することができる．また虐待が疑われる場合，児童相談所は保護者等に裁判所の同意を得て呼び出し命令を出すことができる．もし保護者等がこの命令に反した時には，虐待があったとみなし，児童相談所は「立ち入り調査」，「一時保護」をすることが可能である．加えて，「立ち入り調査」をする場合，警察の協力も得ることができる．また児童相談所は保護者等に対して「面接，通信の制限」を設けたり，虐待を受けている子どもの支援等の業務も行う．さらに親と子どもの家族の再生をはかることも児童相談所の役割となった．

2）少年法

少年法は,「少年の健全な育成を期し,非行のある少年に対して性格の矯正及び環境の調整に関する保護処分を行うとともに,少年及び少年の福祉を害する成人の刑事事件について特別の措置を講じる」ことを目的にしている.

近年,少年犯罪の凶悪化や被害者の人権保障に関する世論の高まりなどから,少年法の改正が厳罰化に傾いているが,この法はあくまでも少年の健全な育成を目的としたものである.

この法で少年とは20歳未満の者をいう.家庭裁判所での審判に付するものは,「罪を犯した少年,14歳未満の刑罰法令に触れる行為をした少年,将来罪を犯したり,刑罰法令に触れる行為をする虞のある少年」である.ただし,「14歳未満の刑罰法令に触れる行為をした少年」「刑罰法令に触れる行為をする虞のある少年で14歳未満の者」については,都道府県知事または児童相談所長から送致を受けたときに限り審判を行うことを定めている.

同法は,近年の少年犯罪の凶悪化や低年齢化を反映して,厳罰化の方向で改定が行われてきている.今後は子どもが成長過程にあることや成育環境上の問題などを考慮し,子どもの福祉の観点から,総合的で,慎重な対応を検討することが必要である.

3）児童買春,児童ポルノに係る行為等の処罰及び児童の保護等に関する法律

児童買春や児童ポルノが社会に氾濫し,児童の生命や健康等が脅かされ,心身の発達にも大きな影を落としている.また日本は児童ポルノにおいては世界でワーストワンの輸出国であり,国際的にも深刻な子どもの人権侵害と受け止められており,社会的な対策が急務となった.

この対策として,1999（平成11）年に「児童買春,児童ポルノに係る行為等の処罰及び児童の保護等に関する法律」が制定された.

この法律は「児童に対する性的搾取及び性的虐待が児童の権利を著しく侵害することの重大性にかんがみ,あわせて児童の権利の擁護に関する国際的動向

を踏まえ，児童買春，児童ポルノに係る行為等を処罰するとともに，これらの行為等により心身に有害な影響を受けた児童の保護のための措置等を定め」て，児童の権利を守ることを目的に施行された．

同法では，児童買春の場合5年以下の懲役又は300万円以下の罰金，児童買春のために人身売買等をした場合は1年以上10年以下の懲役刑が規定されている．なお，同法の管轄窓口は最寄りの警察署である．

4）配偶者からの暴力の防止及び被害者の保護に関する法律（DV防止法）

わが国は，日本国憲法に基本的人権として，個人の尊厳，男女の平等が示されている．しかし，1990年代以降，離婚率の急増とともに，その原因に夫婦間の暴力が挙げられる割合が増加してきた．また，家庭内の人間関係が暴力によって支配されることが，虐待などの形で育児にも影響することが危惧されている．法の前文でも，配偶者の暴力が個人の尊厳を害し，男女平等の実現の妨げとなっている状況を改善し，人権を擁護し，被害者を保護するための施策を講じることが，国際的な意図に沿ったものでもあり，わが国の施策としても必要であると述べている．

この法では「配偶者の暴力に係る通報，相談，保護，自立支援等の体制を整備することで，配偶者の暴力を防止し，被害者の保護を図る」ことを目的としている．

DVによる相談支援は市町村，都道府県に設置している「配偶者暴力相談支援センター」が行っている．また，配偶者の暴力にあったとき，裁判所の命令で加害者に対し「保護命令」が出される．「保護命令」に違反した場合は，1年以下の懲役，又は100万円以下の罰金が科せられる．

2．子ども家庭福祉の実施体制

（1）児童福祉の行政機関

　国の児童福祉行政の中心となる行政機関は厚生労働省であり，担当部局は雇用・均等児童家庭局である．同局は児童福祉政策の企画立案，予算配分，地方自治体，施設等の指導，監督を行っている．

　都道府県は国の児童福祉行政を受け，各都道府県の実情に応じて，児童福祉行政の政策立案，予算配分，市町村との連携，指導・助言，施設等に対する指導，監督等を行う．この担当部局の名称は地域によってさまざまであり，「福祉保健局（部）」，「保健福祉局（部）」，「保健福祉局（部）」，「民生局（部）」等がある．

　市町村では「市民局（部）」，「民生局（部）」等において「児童課」，「保育課」，「子育て支援課」等の名称で児童福祉行政の担当部局が置かれており，地域の児童福祉行政の政策立案，予算配分また一般の事務等を行っている．

　福祉施策の基本方針が在宅支援サービスに移行し，地域の実情に応じた福祉プランの作成とサービス実施の責任が市町村に移行している現在，地方自治体が地域住民の生活の実情とニーズを把握し，住民主体の政策立案や予算配分が行われるように，地域行政への住民の参画が重要となる．

（2）児童の福祉に関わる審議機関

　児童福祉行政の方針について，市民の立場から児童福祉政策等に意見具申する機関として，厚生労働省内には「社会保障審議会児童部会」が置かれている．また都道府県には児童福祉審議会が置かれており，児童，女性，寡婦，障害児等に関する政策，制度の調査，審議が行われ，首長に対してさまざまな意見の具申，答申が行われている．

　加えて社会保障審議会，都道府県児童福祉審議会は児童及び知的障害者の福祉を図るため，児童福祉文化財の推薦又はそれらを製作，興行し若しくは販売

する者等に対し，必要な勧告をすることができる．（児童福祉法第8条の7）

児童福祉文化財とは，児童の健やかな育成および発達を促すことを目的に，意図的に創造され，特別に選ばれた文化財のことである．児童福祉法第8条第7項の規定により，社会保障審議会および都道府県児童福祉審議会には，芸能，出版物，がん具等の推薦，または製作者等に対して必要な勧告を行う権限が与えられている．

児童福祉文化財の内容は，「出版物」（図書，電子ブック），「舞台芸術」（演劇，ミュージカル，コンサート，その他各種舞台公演），「映像・メディア等」（映画，放送，CD，DVD，美術展，展覧会等）と幅広く，毎年数十点が推薦されており，これまでに1万3,500点あまりが推薦されている．推薦された児童福祉文化財は，「児童福祉文化財年報」や厚生労働省ホームページに掲載され，児童福祉関係機関，施設等に対して周知されている．

なお，推薦のための基準は次のとおりである．

① 児童に適当な文化財であって，児童の道徳，情操，知能，体位等の向上に寄与し，その生活内容を豊かにすることにより，児童を社会の健全な一員とするために積極的な効果をもつもの
② 児童福祉に関する社会の責任を強調し，児童の健全な育成に関する知識を広め，または児童に係るさまざまな問題の解決についての関心および理解を深める等，児童福祉思想の啓発普及に積極的効果をもつもの
③ 児童の保育，指導，レクリエーション等に関する知識および技術の普及に積極的な効果をもつもの

（3）子ども家庭福祉の専門機関

1）児童相談所

児童相談所は，児童の福祉について住民の直接窓口となる第一線の専門機関である．都道府県には設置が義務付けられており，政令指定都市は任意設置で

ある．また中核都市も同相談所の設置は可能である．

児童相談所の業務は「① 児童に関する各般の問題につき，家庭その他からの相談に応じる．② 児童及びその家庭につき，必要な調査並びに医学的，心理学的，教育学的，社会学的及び精神保健上の判定を行う．③ 児童及びその保護者につき調査又は判定に基づいて必要な指導を行う．④ 児童の一時保護を行う」（第12条）等である．また，必要に応じて管内を巡回して①②③の業務を行うことができる．

さらに，障害者自立支援法の成立に伴い，支給の要否決定を行うために必要な意見を述べることができる．

市町村は，児童や妊産婦の福祉について，実情の把握，情報の提供，家庭などからの相談に応じ，必要な調査・指導を行っているが，このうち，専門的な知識及び技術を必要とするものについては，児童相談所の技術的援助および助言を求めることになっている．また，医学的，心理学的，教育学的，社会学的及び精神保健上の判定を必要とする場合には，児童相談所の判定を求めることになっている．また，児童虐待などの問題に関しても，市町村との連携や担当者への指導を行うことになっている．

児童相談所には，所長，児童福祉司，児童相談員，心理判定員，心理療法担当職員，保育士，児童指導員，栄養士，小児精神科医，小児科医などの職員を配置しており，お互い連携のもとそれぞれの業務を行っている．

2）福祉事務所

福祉事務所は都道府県と市には必置であり，町村は任意設置である．主な業務は要保護児童等に限定した場合，次のとおりである．① 医学的，心理学的教育学的，社会学的及び精神保健上の判定を有すると認めた者は，児童相談所に送致する．② 児童又はその保護者をその福祉事務所の知的障害者福祉司又は社会福祉主事に指導させる．③ 助産の実施，母子保護の実施又は保育の実施が適当であると考えられる場合には，それぞれの保育の実施等に係る都道府

県又は市町村の長に報告し，又は通知する．④障害児の保護者が，介護給付費等の支給を受けることが著しく困難な場合に，障害福祉サービスを提供するなどの措置に係り，市町村の長に報告，又は通知することである（第25条の8）．

福祉事務所には家庭児童相談室が置かれている．これは1964（昭和39）年に厚生省事務次官通知によって，市町村に設置されたものである．業務内容は，女性や子どもの生活問題について地域住民からの相談に応じることである．しかし，福祉サービスを提供する必要がある場合は福祉事務所に連絡する．また，児童について判定や診断が必要な場合や困難事例であるときは児童相談所へ橋渡しをする．同相談室は言わば住民にとっては身近な相談窓口といえる．

3）保健所

保健所は特別市以上の都市に置かれており，業務は次のとおりである．①児童の保健について正しい衛生知識の普及を図る．②児童の健康相談に応じ，又は健康診査を行い，必要に応じ，保健指導を行う．③身体に障害のある児童及び疾病により，長期にわたり療養を必要とする児童の療育について指導を行う．④児童福祉施設に対し，栄養の改善，その他の衛生に関し，必要な助言を行う．また，市町村の設置する保健センターが行う乳幼児の健康診査や相談の援助を行う．

なお，児童相談所長は相談に応じた児童，その保護者又は妊産婦について保健所に対し，保健指導，その他の必要な協力を求めることができる（同法第12条の6）．

3．児童福祉にかかわる施設サービスと在宅サービス

（1）児童福祉施設のサービス

1）施設サービスの概要

児童福祉法は，すべての児童の生存権・発達権を保障することを理念として

いるが，この法に基づく施設は，要保護児童のために，家庭にかわって社会が養育環境を提供するものを中心として設立されていた．しかし，近年の家庭を取り巻く環境の変化に伴い，児童福祉施設へのニーズも多様化し，その種類と役割も変化してきた．

児童福祉施設は，家庭にかわって子どもの養育を行うというだけでなく，「育児の悩みや不安について相談・援助を行い，育児負担を軽減し，家庭の養育機能を向上させること」，また，「施設退所後の子どもと家庭の関係調整や子どもの自立支援などのアフターケアを行うこと」などの役割を担い，家庭とともに子どもの権利保障をめざすものとなってきた．施設を利用の形態別にみると利用型，通所型，入所型（生活型）などがある．

これらの施設の目的を果たすために，児童福祉施設では「児童福祉施設最低基準」（厚生労働省令）によって施設設備の設置基準や職員の要件，施設長の義務，運営条件などが定められている．

施設の設置認可は児童福祉施設の最低基準を満たすことが必要であり，認可後も最低基準が守られるよう厚生労働大臣や都道府県知事による監督が行われている．また，最低基準を遵守していない施設に対しては，改善勧告，改善命令，事業の停止，認可の取り消し，閉鎖命令等が出されることもある．

2）施設サービスの種類と内容

児童福祉法第7条には，助産施設，乳児院，母子生活支援施設，保育所，児童厚生施設，児童養護施設，知的障害児施設，知的障害児通園施設，盲ろうあ児施設，肢体不自由児施設，重症心身障害児施設，情緒障害児短期治療施設，児童自立支援施設および児童家庭支援センターの14種の児童福祉施設の設置が規定されている（図表3－1）．

① 助産施設

助産施設は，「保健上必要があるにもかかわらず，経済的理由により，入院助産を受けることができない妊産婦を入所させて，助産をうけることを目的と

する施設」(第36条)である.

助産施設には,第1種助産施設と第2種助産施設とがあり,前者は医療法に基づく産婦人科のある病院を,後者は同法に基づく助産所が指定されている.

② 乳児院

乳児院は,「乳児(保健上,安定した生活環境の確保その他の理由により特に必要のある場合には,幼児を含む.)を入院させて,これを養育し,あわせて退院した者について相談その他の援助を行うことを目的とする施設」(第37条)である.保護者が乳児を養育できない,あるいは,養育させることが適切でない場合に,主に乳児の養育を行うことを業務としている.乳幼児期は,とくに安定した人間関係と健康管理に留意して心身の健全な育成を促進していくことが求められる.そのために入所対象となる年齢を拡大し,幼児期までの養育を行う場合がある.

③ 母子生活支援施設

母子生活支援施設は,「配偶者のない女子又はこれに準ずる事情にある女子およびその者の監護すべき児童を入所させて,これらの者を保護するとともに,これらの者の自立の促進のためにその生活を支援することを目的とする施設」(第38条)である.母子生活支援施設は,単なる住居の提供だけでなく,子どもの養育条件を整備し,生活指導,職業,教育などに関して相談や指導を行い,母と子の自立促進のための支援を行う施設である.

④ 保育所

保育所は,「日々保護者の委託を受けて,保育に欠けるその乳児又は幼児を保育することを目的とする施設」(第39条)である.ここでの"保育に欠ける"とは,母親が労働,出産,疾病,心身障害などの理由で家庭での保育が十分にできない場合や,子どもの成長・発達や生活環境上,保育が必要と思われる場合を含んでいる.

⑤ 児童厚生施設

児童厚生施設は,「児童遊園,児童館など児童に健全な遊びを与えて,その

健康を増進し，又は情操をゆたかにすることを目的とする施設」(第40条)である．児童厚生施設は，子どもの遊び環境を整備し，児童の自主性，社会性および創造性を高めることを目的としている．そのために職員として「遊びを指導する者」が配置されている．

⑥ 児童養護施設

児童養護施設は，「保護者のない児童（乳児を除く．ただし，安定した生活環境の確保その他の理由により特に必要のある場合には，乳児を含む．），虐待されている児童を入所させて，これを養護し，あわせてその自立を支援することを目的とする施設」(第41条)である．児童養護施設では，各年齢に応じた生活指導や家庭との関係の調整を行い，自立を支援する．現在，子どもの状況にあわせ，養護は小規模ケアに移行している．また，地域の子育て家庭への援助を行うために，児童家庭支援センターを附設する施設もある．

⑦ 知的障害児施設

知的障害児施設は，「知的障害のある児童を入所させて，これを保護し，又は治療するとともに，独立自立に必要な知識技能を与えることを目的とする施設」(第42条)である．具体的には，保護者の状況や経済的理由などで家庭での養育が困難な知的障害児，あるいは通所して訓練や療育などを受けることが困難な知的障害児に対して，個別的，集団的に生活指導を行い，自立した社会生活を営むことができるように援助をする．知的障害児施設のうちとくに自閉症児を対象とする施設を自閉症児施設という．このうち医療法の規定に基づく病院の施設を備えたものを第1種自閉症児施設といい，入院する必要のない子どもを対象とする施設を第2種自閉症児施設という．

知的障害児施設には，児童精神科の診療の経験がある嘱託医のほか，児童指導員，保育士，栄養士，調理員を置く．それにより，生活指導や職業指導，心理学的および精神医学的診査を行う．

⑧ 知的障害児通園施設

知的障害児通園施設は，「知的障害のある児童を日々保護者の下から通わせ

て，これを保護するとともに，独立自立に必要な知識技能を与えることを目的とする施設」(第43条)である．ここでは，家庭生活が可能な知的障害児が通所し，個別的・集団的に生活指導や機能訓練を受け，将来自立した社会生活を営むことができるようにする．また，日中の養育に欠ける場合にはデイサービスを行うことができる．知的障害児通園施設では保護者と常に連絡を取りあい，必要に応じて地域活動支援センターや保健機関などとも連携し，生活指導や職業自立への支援を行っている．

⑨ 盲ろうあ児施設

盲ろうあ児施設は，「盲児(強度の弱視児を含む)又はろうあ児(強度の難聴児を含む)を入所させて，これを保護するとともに，独立自立に必要な指導又は援助をすることを目的とする施設」(第43条の2)である．この施設は法的には1つの名称で取り扱われているが，実際には盲児施設とろうあ児施設および難聴幼児通園施設に分かれて設置されている．盲児施設とろうあ児施設は，生活指導，職業指導のほか機能訓練を行い，個人指導に重点を置いている．難聴幼児通園施設は，強度難聴の幼児の聴力の残存能力の活用と難聴に起因する2次的障害を取り除くために，指導訓練を行っている．

⑩ 肢体不自由児施設

肢体不自由児施設は，「肢体不自由のある児童を治療するとともに，独立自活に必要な知識技能を与えることを目的とする施設」(第43条の3)である．そのため，肢体不自由児施設には，医療法に基づく病院としての設備のほかギブス室，訓練室等を設けている．また，医療法に基づく職員の他，児童指導員，保育士，理学療法士，作業療法士をおかなければならない．

⑪ 重症心身障害児施設

重症心身障害児施設は，「重度の知的障害及び重度の肢体不自由が重複している児童を入所させて，これを保護するとともに，治療及び日常生活の指導をすることを目的とする施設」(第43条の4)である．ここでは，医療法に基づく職員としての医師や看護師に加え，心理指導担当職員，理学療法士などを配

図表3—1　児童福祉施設一覧

施設名	配置される職員	施設の機能
助産施設	医療法に規定する職員 助産師（第1種）	保健上必要があるにもかかわらず，経済的理由により，入院助産を受けられない妊産婦を入所させて助産を受けさせる
乳児院	小児科の診療に相当の経験を有する医師，看護師（1.7：1人以上），栄養士，調理員，その他（家庭支援相談専門員，心理療法担当職員） ＊看護師は保育士または児童指導員とすることができるが，乳児10人につき1人の看護師をおかなければならない．	乳児（保健上その他の理由により必要のある場合には，幼児を含む）を入院させて養育し，あわせて退院した者について相談その他の援助を行う
母子生活支援施設	母子指導員，嘱託医 少年を指導する職員	配偶者のない女子またはこれに準ずる事情にある女子およびその者の監護すべき児童を入所させて，自立の促進のための生活を支援し，退所後の相談，援助を行うことを目的とする
保育所	保育士（乳児3：1，3歳未満児の幼児6：1，3歳児20：1，4歳以上児30：1） 嘱託医，調理員	日々保護者の委託を受けて，保育に欠ける乳児または幼児を保育する
児童厚生施設	児童の遊びを指導するもの	児童遊園，児童館等児童に健全な遊びを与えて，その健康を増進し，または情操を豊かにする
児童養護施設	児童指導員，嘱託医，保育士，栄養士，調理員 その他（家庭支援相談専門員，心理療法担当職員） ＊児童指導員および保育士の配置は，3歳未満児2：1，3歳以上の幼児4：1，少年6：1となっている．	乳児を除いて，保護者のない児童，虐待されている児童その他環境上養護を要する児童を入所させて，これを養護し，あわせて退所後の相談，自立のための援助を行うことを目的とする
知的障害児施設	児童指導員，嘱託医，保育士，栄養士，調理員，その他（職業指導員など） ＊嘱託医は精神科の診療に相当の経験を有するもの ＊児童指導員および保育士は，4.3：1	知的障害のある児童を入所させて，保護するとともに，独立自活に必要な知識技能を与えることを目的とする
知的障害児通園施設	児童指導員，嘱託医，保育士，栄養士，調理員，その他（言語療法士，理学療法士など） ＊児童指導員および保育士は，乳幼児4：1，少年7.5：1 ＊嘱託医は精神科の診療に相当の経験を有するもの	知的障害のある児童を日々保護者のもとから通わせ保護するとともに，独立自活に必要な知識技能を与えること

盲・ろうあ児施設	嘱託医, 児童指導員, 保育士, 栄養士, 調理員 ＊児童指導員および保育士は, 乳幼児4：1, 少年5：1 ＊嘱託医は精神科の診療に相当の経験を有するもの	盲児（強度の弱視児を含む）またはろうあ児（強度の難聴児を含む）を入所させ, これを保護するとともに, 独立自活に必要な指導または援助をする
肢体不自由児施設	医療法に規定する病院として必要な職員, 児童指導員, 保育士, 理学療法士, 作業療法士 ＊児童指導員および保育士は, 乳幼児10：1, 少年20：1	上肢・下肢, または体幹の機能の障害のある児童を治療するとともに, 独立自活に必要な知識技能を与える
重症心身障害児施設	医療法に規定する病院として必要な職員, 児童指導員, 保育士, 心理指導を担当する職員, 理学療法士または作業療法士	重度の知的障害および重度の肢体不自由が重複している児童を入所させ, 保護することともに, 治療および日常生活の指導をする
情緒障害児短期治療施設	医師, 心理療法を担当する職員, 児童指導員, 保育士, 看護師, 栄養士, 調理師 ＊医師は精神科または小児科の診療に相当の経験を有するもの ＊児童指導員および保育士は, 5：1	軽度の情緒障害を有する児童を, 短期間入所させ, または保護者のもとから通わせて, その情緒障害を治す
児童自立支援施設	児童自立支援専門員, 児童生活支援員, 医師, 栄養士, 調理員 ＊児童自立支援専門員および児童生活支援員の配置は, 5：1 ＊医師は精神科の診療に相当の経験を有するもの	不良行為をなし, またはなすおそれのある児童および家庭環境その他の環境上の理由により生活指導等を要する児童を入所させ, または保護者のもとから通わせて, 個々の児童の状況に応じて必要な指導を行い, その自立を支援する
児童家庭支援センター	相談・支援担当職員, 心理療法担当職員	地域の児童に関する各般の問題につき, 児童, 母子家庭その他の家庭, 地域住民その他からの相談に応じ, 必要な助言を行うとともに, あわせて児童相談所, 指導福祉施設等との連絡調整その他厚生省令の定める援助を総合的に行う

置し，機能訓練や日常生活でのケアを行っている．

⑫ 情緒障害児短期治療施設

情緒障害児短期治療施設は，「軽度の情緒障害を有する児童を，短期間，入所させ，又は保護者の下から通わせて，その情緒障害を治し，あわせて退所した者について相談その他の援助を行うことを目的とする施設」（第43条の5）である．ここで対象とする「情緒障害」とは，生活環境に起因するもので，感情のコントロールが困難であったり，その場に応じた適切な行動をとることがむずかしくなった状態をいう．施設では適切な環境を整備し，子どもの社会適応をめざす．

⑬ 児童自立支援施設

児童自立支援施設は，「不良行為をなし，又はなすおそれのある児童及び家庭環境その他の環境上の理由により生活指導等を要する児童を入所させ，又は保護者の下から通わせて，個々の児童の状況に応じて必要な指導を行い，その自立を支援し，あわせて退所した者について相談その他の援助を目的とする施設」（第44条）である．入所児を地域から隔離するのではなく，地域に開放された施設として処遇し，子どもの行動上の問題，家庭の養育環境上の問題などについて相談に応じている．

⑭ 児童家庭支援センター

児童家庭支援センターは，「地域の児童の福祉に関する各般の問題につき，児童，母子家庭その他の家庭，地域住民その他からの相談に応じ，必要な助言を行うとともに，第26条第1項第2号及び第27条第1項第2号の規定による指導を行い，あわせて児童相談所，児童福祉施設等との連絡調整その他厚生労働省令の定める援助を総合的に行うことを目的とする施設」（第44条の2）である．地域に密着して，きめ細かい相談・支援体制をつくり，家庭や地域で起こるさまざまな子どもにかかわる問題に対処し，子育てをする家庭の支援を行う．

児童家庭支援センターは，児童相談所，福祉事務所，保健所等との連携によ

って，地域の家庭の育児支援を行っている．

（2）児童福祉法の実施する在宅サービス
1）在宅サービスの概要

　もともと児童福祉施策は，援助が必要な子どもを施設に入所させる施設サービスが中心であったが，ノーマライゼーションの思想や地域福祉といった新しい理念が生まれるなか，地域の子どもと家庭の問題の相談に応じ，他の機関と連携し，支援する児童家庭支援センターが創設されたり，保育所に，在宅で子育てをする家庭を支援し，積極的に地域サービスを展開する地域子育て支援センターが置かれたりするなど，今日では施設サービスとともに在宅サービスもバランスよく整備されることが求められるようになった．また，保育需要の高まりに対して，2003（平成15）年7月に次世代育成支援対策推進法が成立し，全市町村の実状をふまえて，2004（平成16）年と2009（平成21）年の両年に"保育・子育て支援関連事業の目標"が設定された．また，地域の子育て支援に関する新たなニーズに対処するために，保育に欠ける子どもの保育サービスに加え，児童福祉法による在宅支援事業が策定された．

2）在宅サービスの種類と内容

　児童福祉法第6条の2では，法に基づく事業として8つの事業を規定しているが，このうち地域の子育て家庭の支援を念頭に実施されるものは次の6事業である．①放課後児童健全育成事業，②子育て短期支援事業，③乳児家庭全戸訪問事業，④養育支援訪問事業，⑤地域子育て支援拠点事業，⑥一時預かり事業．

　在宅サービスは，多様化した家庭育児ならびに地域の保育ニーズに対応するため，上記の事業にとどまらないサービスの多様化・拡充が求められており，法制度の改訂も保健，労働，教育などの分野にも及んでいる．ここでは地域の子育て家庭へのサービス事業の内容を中心に紹介していくことにする．

① 放課後児童健全育成事業

昼間に就労などで保護者がいない概ね10歳未満の家庭の児童を対象に，放課後に児童厚生施設等を利用して児童の健康管理や遊びを通して健全育成ができるサービスを行っている．

② 子育て短期支援事業

子どもを養育している保護者が冠婚葬祭や傷病等の社会的理由や残業，夫の暴力などさまざまな理由で一時的に養育ができなくなった場合に，児童養護施設や母子生活支援施設，乳児院などにおいて，一時的に子どもを預かる事業をいう．

トワイライトステイは，子育て短期支援事業として，仕事などで帰宅が恒常的に夜間にわたる，ひとり親の家庭などの子どもを，夕方から保護者が帰宅するまでの間，夜間に児童養護施設や母子生活支援施設，乳児院などにおいて，一時的に子どもを預かり夕食・入浴などの生活支援を行う事業である．

③ 乳児家庭全戸訪問事業

原則として生後4ヵ月にいたるまでの乳児がいる家庭を訪問し，子育てに関する情報の提供や乳児及び保護者の心身の状況及び養育環境の把握を行うほか，養育についての相談に応じたり，助言その他の援助を行う事業をいう．

出生後1ヵ月以降から次の乳児健診の行われるまでの間は，親は慣れない乳児の養育に不安をかかえる．また母親が孤立したり，身体的な疲労を感じるのもこの時期である．こうした保護者と乳児の心身の状況や養育環境の把握をし，相談に応じたり，助言や援助を行うことや，利用できるサービスについて情報提供を行う事業である．市町村長は，この事業を実施するために適切な研修を受講した者を，対象家庭に訪問させて，育児の支援を行う．

④ 養育支援訪問事業

乳児を養育する家庭について全戸訪問を実施したり，保健師による新生児や未熟児の訪問指導などを行ってみて，保護者の養育を支援する必要があると認められた児童（要支援児童），もしくは保護者に監護させることが不適当である

と認められる児童とその保護者，また，出産後の養育について支援が必要であると事前に認識されていた妊婦（特定妊婦）については，子どもの養育を適切に行うことができるように，要支援児童等の家庭に出向いて，養育の相談や指導，助言その他必要な支援を行う事業である．

市町村長は，保育士，保健師，助産師，看護師その他養育に関する相談及び指導についての専門的知識および経験がある者，養育支援を行うために必要な研修を受講した者に，要支援児童等の居宅で相談及び指導を行わせる．

⑤ 地域子育て支援拠点事業

地域の乳児又は幼児及びその保護者が相互の交流を行う場所を開設し，適当な施設を備えるなどして，育児についての相談，情報提供，助言その他の援助を行う事業である．

この事業の基準・内容は，厚生労働省令で ① おおむね10組の乳児又は幼児及びその保護者が一度に利用することが差し支えのない程度の十分な広さがあること（ただし，保育所その他の施設で，児童の養育及び保育に関する専門的な支援を行う場合はこの限りではない），② 原則として1日3時間以上，かつ1週間に3日以上開設すること，③ 子育て支援に関して意欲のある者であって，子育てに関する知識と経験を有するものを配置すること，となっている．

⑥ 一時預かり事業

一時的に家庭で保育を受けることが困難になった乳幼児について，主として昼間において，保育所その他の場所において，一時的に預かり，必要な保護を行う事業である．

その他，地域で育児支援を必要とするものと支援ができる住民とがそれぞれ会員となり，相互で助け合う有償の住民参加型子育て支援サービスとして，ファミリーサポートセンターなどがある．

4．子ども家庭福祉の専門職

　保育ニーズの高まりにはさまざまな要因があるが，その最も注目すべきこととして，結婚および出産後も引き続き仕事をしたいという選択をする女性が増えたことがある．すなわち社会ならびに産業構造の変化とともに女性の就業意識も変化し，加えて家族の小規模化とそれにともなう協力の欠如が"子ども家庭福祉の専門職"の必要性を高めている．ここでは，子ども家庭福祉の専門職の担い手として保育士の役割に重点を置いて述べていく．

（1）保育士

　保育士資格は，2002（平成14）年の児童福祉法の改正で，法的な位置づけが明確になり，公的資格から国家資格へと格上げされた．児童福祉法18条の4，5，6では，保育士の業務内容，試験，登録を規定し，同資格を名称独占資格とした．

　この法定化の背景には，少子化や社会の変化とともに地域社会の問題構造も変わり，これまでの家庭や地域で子育てができない場合を対象とした施設中心の保育・養護から，家庭や地域社会のなかでの子育ての支援を積極的に行う必要性が生じてきたことにある．

　保育士は「保育士の名称を用いて，専門的知識及び技術をもって，児童の保育及び児童の保護者に対する保育に関する指導を行うことを業とする者」で，子どもに対する「保育」と保護者に対する「保育指導」の2つを業務としている．子育て家庭で必要とされている保育士の役割としては，一時保育や育児講座，子育てサークルなどを通して，乳幼児の保育に関する援助・相談・助言の提供などがある．そのためにも保育士は日常から，児童相談所や福祉事務所，看護師，保健師，嘱託医，栄養士など他職種とのネットワークを構築し連携を密にしておくことが大切である．また，子ども家庭における福祉の担い手として，個別援助技術（ケースワーク）や集団援助技術（グループワーク），地域援助

技術（コミュニティワーク）などを総合的に活用する力はもちろんのこと，最近では，保健・医療・福祉をはじめ，近隣住民，ボランティアなど地域の社会資源を活用し，家庭の福祉ニーズに対して，質の高いサービスの提供をめざすケアマネジメント技術の必要性も高まっている．

(2) 児童福祉司

　都道府県は，その設置している児童相談所に，児童福祉司を置かなければならない．児童福祉司は，都道府県知事の補助機関である職員として，児童相談所所長の命をうけ，児童の保護その他児童の福祉に関する事柄に関する相談に応じ，専門的技術に基づいて必要な指導を行なうなど，児童の福祉増進を図るための業務を行う．また，割り当てられた担当地域の市町村長に協力を求め，児童の福祉増進のための業務を行う．その結果について担当地域の市町村長に通知し，改善等について意見を述べなければならない．

　児童福祉司として任用される職員の資格は児童福祉法第13条に掲げられている．

　現在，子どもの養育環境は悪化の一途をたどり，家庭での養育困難な子どもや虐待，発達障害児への支援など，専門職による援助，福祉サービスの利用の必要なものが増加している．しかし，相談を受け付ける専門職員が不足し，それぞれのケースを十分に検討することが難しい状況になっている．今後，児童福祉司の適正配置が課題である．

(3) その他

　子ども家庭福祉の専門職は，保育士，児童福祉司，社会福祉士のほか社会福祉主事を取得して，児童相談所や福祉事務所など専門機関における相談業務を担当する者がいるが，実際には，これら専門職のみでは問題にすぐに対応することは困難である．そこで，各地域では，民生委員・児童委員や主任児童委員など地域の首長に任命されて職務を行う役職やボランティアなどの協力者を配

置している．

1）児童委員

　同委員は市町村に置かれており，民生委員を兼ねている．児童委員の業務は児童及び妊産婦について，その生活及び取り巻く環境の状況を適切に把握し，その保護，保健，その他福祉に関し，サービスを適切に利用するために必要な情報の提供，その他の援助及び指導等を行う（同法第17条）．同委員の任期は3年であり，委嘱は厚生労働大臣が行い，その職務に対して，都道府県知事の指揮命令を受ける．

2）主任児童委員

　主任児童委員は，児童相談所や児童家庭支援センターなどと連携して，児童や家庭の問題について，地域の子育てのための啓発活動を行ったり，児童委員と連携して必要な情報交換をしたり，指導を行ったりする．主任児童委員は，民生委員を兼ねていない．

　児童虐待のケースでは，市町村が児童相談所から引き継いだ見守りの必要なケースについて家庭状況を市町村に報告する．また，児童委員や地域住民と協力して地域子育て支援体制をつくっていくための推進役を果たす．

参考文献
相澤譲治『保育士をめざす人の社会福祉』みらい　2006年
高橋重宏・才村純編著『子ども家庭福祉論』建帛社　2005年
福田志津枝編『これからの児童福祉（第2版）』ミネルヴァ書房　1998年
保育福祉小六法編集委員会編『保育福祉小六法』みらい　2008年
松原康雄・山縣文治編著『児童福祉論』ミネルヴァ書房　2005年

第4章
子どもと家庭の問題と福祉の展開

1. 次世代健全育成と子ども家庭福祉

●キーワード●
少子化対策，児童館，児童健全育成施策，地域組織活動

(1) 児童健全育成とは

　児童健全育成とは，児童福祉法第1条において「児童が心身ともに健やかに生まれかつ育成される」と示されるように，すべての子どもが健康な身体と精神をもち，個性豊かに成長していくことを目標とした概念である．また，児童福祉法第2条においては「国及び地方公共団体は，児童の保護者とともに，児童を心身ともに健やかに育成する責任を負う」と示し，保護者に第一義的な責任があるとしながらも，国や地方公共団体および国民それぞれが，その責任を負うものとしている．さらに，わが国が批准した「児童の権利に関する条約」においても，子どもの最善の利益の尊重，子どもの生命，生存，発達の権利などが示され，大人が一方的に子どもに与え，押し付けるのではなく，子どもの意志を尊重し，子どもの人権を尊重しながら育む必要があることが明示されている．

このように児童の健全育成を図ることは，保護者と同様，国や国民全体の責務であり，目標であるといえる．

児童健全育成へ向けた取り組みは，これまで時代とともに変化している．

従来は，体力づくりや，伝統的な家庭内での緊密な人間関係の維持などが健全育成の重点課題であったが，近年は時代背景の変化から新たな児童健全育成へ向けた取り組みが求められている．

近年，わが国は少子化や核家族化，都市化など，かつてに比べ，子どもや家族を取り巻く生活環境が大きく変化している．それにともないわが国では，家族機能や養育機能の弱体化が叫ばれるようになり，子育て不安や児童虐待などの社会問題も増加し，さらに子どもの領域においても，いじめ・不登校・学級崩壊，少年犯罪の低年齢化・凶悪化など，多くの問題が生じている．

子どもたちが，健康な身体と精神をもち成長していくため，また保護者が安心して子育てをしていくためには，これまで以上に国や地方公共団体あるいは地域が一体となり，子ども家庭を支える役割を担うことが求められている．

現在わが国では，従来のような幼児期を重視した取り組みだけではなく，児童の健全育成のための環境整備，思春期児童の健全育成，中学・高校生等の年長児童の居場所づくり，子育て支援など児童健全育成のための幅広い取り組みが実施されている．

（2）児童健全育成の概念

児童健全育成の概念は「すべての子どもの生活の保全と情緒の安定を図って，一人ひとりの個性と発達段階に応じて，全人格的に健やかに育てる」ことであり，以下の5つの要素を，バランスよく子どもたち一人ひとりの個性と発達に応じて積極的に増進していくことが，普遍的健全育成観とされる．

① 身体の健康増進をはかる

　日常生活で，自立して行動できるような体力（行動体力）と病気にかかりにくいような抵抗力（防衛体力）を高め，健やかな身体をつくること．

② 心の健康増進をはかる

不安感，緊張感，欲求不満感などに支配されない安定した精神状態を保ち，人格的な発達をはかること．

③ 知的な適応能力を高める

子どもの能力や個性に応じて可能な限りの知識と技術を獲得し，生活する上で必要な能力を高めること．

④ 社会的適応能力を高める

発達段階に応じて，自分の所属するさまざまな集団生活の場において，他者との協調性や人間関係能力を高めること．

⑤ 情操を豊かにする

美しいもの（美的情操），善いおこない（倫理的情操），崇高なもの（宗教的情操），つじつまの合うこと（科学的情操）などを見たり聞いたりした時に素直に感動する豊かな心を養うこと．

（3）次世代健全育成と少子化対策

現在の次世代健全育成対策に向けた取り組みは，わが国が抱える少子化問題と切り離して考えることはできない．1989年の「1.57ショック」を契機として，わが国ではこれまでさまざまな少子化対策を講じてきた．そして2003年には，次世代育成支援という新しい概念による，少子化，子育て支援施策の推進が図られるようになった．ここでは，わが国がこれまで実施してきた少子化対策について概観していくことにする．

1）エンゼルプランと新エンゼルプラン

1　エンゼルプランの策定

急速に進行する少子化への対策として，わが国が最初に実施した計画は，1994年に当時の文部，厚生，労働，建設の4大臣の合意により策定された「今後の子育て支援のための施策の基本的方向について（エンゼルプラン）」であ

った.エンゼルプランでは,これまで家庭内の問題として捉えられがちであった子育てについて,国や地方公共団体をはじめ,企業や職場,地域社会を含めた社会全体で取り組むべき課題として位置づけ,10年後を目途に,取り組むべき基本的方向と重点施策を定めた.また,このエンゼルプランの一環として策定された「緊急保育対策5か年事業」では,低年齢保育,延長保育,一時保育などの特別保育事業の展開と,その具体的な数値目標が設定された.

2 新エンゼルプランの策定

「エンゼルプラン」を引き継いで,1999年に少子化対策推進関係閣僚会議において「少子化対策推進基本方針」が定められた.これに基づき「重点的に推進すべき少子化対策の具体的実施計画について(新エンゼルプラン)」が策定された(大蔵,文部,厚生,労働,建設,自治6大臣合意).新エンゼルプランは,「エンゼルプラン」と「緊急保育対策5か年事業」を見直したものであり,計画年次は2000年から2004年までの5年間であった.この新エンゼルプランでは,保育,保健医療体制,地域や学校の環境,住まいづくり,さらには,仕事と子育て両立のための雇用環境整備,働き方についての固定的な性別役割分業や職場優先の企業風土の是正などの新たな考え方が盛り込まれた.

2)少子化社会対策基本法と次世代育成支援対策推進法
1 少子化社会対策基本法

少子化社会対策基本法は,少子化対策を総合的に推進することを目的として,施策の基本理念や国と地方自治体の責務,さらに企業に協力の責務などを示した法律であり,2003年に議員立法として成立した.基本理念として,①父母その他が子育てについての第一義的責任を有することの認識の下に,男女共同参画社会の形成とあいまって,家庭や子育てに夢をもち,かつ次代の社会を担う子どもを安心して生み育てることができる環境を整備すること,②長期的な展望に立つこと,③子どもの安全な生活の確保とともに,子どもがひ

図表4－1　少子化社会対策大綱

【3つの視点】
① 自立への希望と力
② 不安と障壁の除去
③ 子育ての新たな支え合いと連帯

【4つの重点課題】
① 若者の自立とたくましい子どもの育ち
② 仕事と家庭の両立支援と働き方の見直し
③ 生命の大切さ，家庭の役割等についての理解
④ 子育ての新たな支え合いと連帯

重点課題に取り組むための28の行動

【若者の自立とたくましい子どもの育ち】
(1) 若者の就労支援に取り組む
(2) 奨学金の充実を図る
(3) 体験を通じ豊かな人間性を育成する
(4) 子どもの学びを支援する

【生命の大切さ，家庭の役割等についての理解】
(11) 乳幼児とふれあう機会の充実等を図る
(12) 生命の大切さ，家庭の役割等についての理解を深める
(13) 安心して子どもを生み，育てることができる社会の形成についての理解を深める

【仕事と家庭の両立支援と働き方の見直し】
(5) 企業等におけるもう一段の取組を推進する
(6) 育児休業制度等についての取組を推進する
(7) 男性の子育て参加の推進のための父親プログラム等を普及する
(8) 労働時間の短縮等仕事と生活の調和のとれた働き方の実現に向けた環境整備を図る
(9) 妊娠・出産しても安心して働き続けられる職場環境の整備を進める
(10) 再就職等を促進する

【子育ての新たな支え合いと連帯】
(14) 就学前の児童の教育・保育を充実する
(15) 放課後対策を充実する
(16) 地域における子育て支援の拠点等の整備および機能の充実を図る
(17) 家庭教育の支援に取り組む
(18) 地域住民の力を活用，民間団体の支援，世代間交流を促進する
(19) 児童虐待防止対策を推進する
(20) とくに支援を必要とする家庭の子育て支援を推進する
(21) 行政サービスの一元化を推進する
(22) 小児医療体制を充実する
(23) 子どもの健康を支援する
(24) 妊娠・出産の支援体制，周産期医療体制を充実する
(25) 不妊治療への支援等に取り組む
(26) 良質な住宅・居住環境の確保を図る
(27) 子育てバリアフリーなどを推進する
(28) 児童手当の充実を図り，税制の在り方の検討を深める

出所）内閣府『少子化社会白書（平成19年版）』ぎょうせい　2007年　p.27

としく心身ともに健やかに育つこと，④あらゆる分野における施策において少子化の状況の配慮をすること，が掲げられた．

また，2004年には少子化社会対策基本法の理念を具体化するために，「少子化社会対策大綱」が閣議決定された（図表4−1）．少子化社会対策大綱では，子育て家庭が安心と喜びをもって子育てに当たれるよう社会全体で応援することを基本的考え方として，少子化対策のための「3つの視点」と「4つの重点課題」を示し，それぞれの重点課題ごとに，当面の行動が示された．

２　次世代育成支援対策推進法

次世代育成支援対策推進法は，2003年に少子化対策の一環として定められたもので，すべての地方自治体と301人以上の従業員を抱える事業主に対して行動計画の策定を義務づけた法律である．次代の社会を担う子どもが健やかに生まれ，育成される環境の整備を行うことを目的に，国や地方公共団体はもちろん，企業（事業主），国民それぞれが担う責務を明らかにし，目標・内容・実施期間などを定め，集中的かつ計画的に取り組んでいくことが示されている．なお，この法律は2005年から10年間の時限立法である．

3）子ども・子育て応援プラン

子ども・子育て応援プランとは，「エンゼルプラン」「新エンゼルプラン」を引き継ぎ，2005年から実施されている少子化対策および子育て支援計画のことである．子ども・子育て応援プランでは，少子化社会対策大綱で示された4つの重点課題を効果的に促進するために，2009年度までの施策内容と目標を提示している．また，計画を進める上で，その内容や効果を評価できるよう，概ね10年間を展望した「目指すべき社会の姿」のビジョンが示された（図表4−2）．

また，2006年には，少子化対策に関する政府・与党協議会の合意を経て，少子化社会対策会議において「新しい少子化対策について」が決定され，少子

図表4−2 「子ども・子育て応援プラン」の概要

【4つの重点課題】	【平成21年までの5年間に講ずる施策と目標（例）】	【目指すべき社会の姿〔概ね10年後を展望〕（例）】
若者の自立とたくましい子どもの育ち	・若年者試用（トライアル）雇用の積極的活用（常用雇用移行率80％を平成18年度までに達成） ・日本学生支援機構奨学金事業の充実（基準を満たす希望者全員の貸与に向け努力） ・学校における体験活動の充実（全国の小・中・高等学校において一定期間のまとまった体験活動の実施）	・若者が意欲を持って就業し経済的にも自立〔フリーター約200万人，若年失業者・無業者約100万人それぞれについて低下を示すような状況をめざす〕 ・教育を受ける意欲と能力のある者が経済的理由で修学を断念することのないようにする ・各種体験活動機会が充実し，多くの子どもが様々な体験を持つことができる
仕事と家庭の両立支援と働き方の見直し	・企業の行動計画の策定・実施の支援と好事例の普及（次世代法認定企業数を計画策定企業の20％以上，ファミリーフレンドリー表彰企業数を累計700企業） ・個々人の生活等に配慮した労働時間の設定改善に向けた労使の自主的取組の推進，長時間にわたる時間外労働の是正（長時間にわたる時間外労働を行っている者を1割以上減少）	・希望する者すべてが安心して育児休業等を取得〔育児休業取得率男性10％，女性80％，小学校修学始期までの勤務時間短縮等の措置の普及率25％〕 ・男性も家庭でしっかりと子どもに向き合う時間が持てる〔育児期の男性の育児等の時間が他の先進国並みに〕 ・働き方を見直し，多様な人材の効果的な育成活用により，労働生産性が上昇し，育児期にある男女の長時間労働が是正
生命の大切さ，家庭の役割等についての理解	・保育所，児童館，保健センター等において中・高校生が乳幼児とふれあう機会を提供（すべての施設で受入を推進） ・全国の中・高等学校において，子育て理解教育を推進	・多くの若者が子育てに肯定的な（「子どもはかわいい」，「子育てで自分も成長」）イメージを持てる
子育ての新たな支え合いと連帯	・地域の子育て支援の拠点づくり（つどいの広場事業，地域子育て支援センター合わせて全国6,000か所での実施） ・待機児童ゼロ作戦のさらなる展開（待機児童の多い市町村を中心に保育所受入児童数を215万人に拡大） ・児童虐待防止ネットワークの設置（全市町村） ・小児救急医療体制の推進（小児救急医療圏404地区をすべてカバー） ・子育てバリアフリーの推進（建築物，公共交通機関および公共施設等の段差解消，バリアフリーマップの作成）	・全国どこでも歩いていける場所で気兼ねなく親子で集まって相談や交流ができる（子育て拠点施設がすべての中学校区に1か所以上ある） ・全国どこでも保育サービスが利用できる〔待機児童が50人以上いる市町村をなくす〕 ・児童虐待で子どもが命を落とすことがない社会をつくる〔児童虐待死の撲滅をめざす〕 ・全国どこでも子どもが病気の際に適切に対応できるようになる ・妊産婦や乳幼児連れの人が安心して外出できる〔不安なく外出できると感じる人の割合の増加〕

出所）厚生労働省編『平成18年度版　厚生労働白書』ぎょうせい　2006年　p.165

図表4−3　新しい少子化対策について（新たな少子化対策の推進）

(1) 子育て支援策	Ⅲ　小学生期
Ⅰ　新生児・乳幼児期 ①出産育児一時金の支払い手続きの改善 ②妊娠中の検診費用の負担軽減 ③不妊治療の公的助成の拡大 ④妊娠初期の休暇などの徹底・充実 ⑤産科医等の確保等産科医療システムの充実 ⑥児童手当制度における乳幼児加算の創設 ⑦子育て初期家庭に対する家庭訪問を組み入れた子育て支援ネットワークの構築 Ⅱ　未就学期 ①全家庭を対象とする地域における子育て支援拠点の充実 ②待機児童ゼロ作戦の更なる推進 ③病児・病後児保育，障害児保育等の拡充 ④小児医療システムの充実 ⑤行動計画の公表等次世代育成支援推進法の改正検討 ⑥育児休業や短時間勤務の充実・普及 ⑦事業内託児施設を含め従業員への育児サービスの提供の促進 ⑧子どもの事故防止策の推進 ⑨就学前保育についての保護者負担の軽減策の充実	①全小学校区における「放課後子どもプラン」（仮称）の推進 ②スクールバスの導入等，学校や登下校時の安全対策 Ⅳ　中学生・高校生・大学生期 ①奨学金の充実等 ②学生ベビーシッター等の推奨 (2)　働き方の改革 ①若者の就労支援 ②パートタイム労働者の均衡処遇の推進 ③女性の継続的就労・再就職の支援 ④企業の子育て支援の取組の推進 ⑤長時間労働の是正等の働き方の見直し ⑥働き方の見直しを含む官民一体子育て支援推進運動 (3)　その他の重要な施策 ①子育て支援する税制等を検討 ②里親・養子縁組制度の促進と広報・啓発 ③地域の退職者，高齢者等の人材活用による世代間交流の推進 ④児童虐待防止対策および要保護児童対策の強化 ⑤母子家庭等の総合的な自立支援対策の推進 ⑥食育の推進 ⑦家族用住宅，三世代同居・近居の支援 ⑧結婚相談業等に関する認証制度の創設

出所）厚生労働省ホームページより著者作成

化対策の抜本的な拡充，強化，転換を図るための新たな視点が提示された（図表4−3）．

（4）児童健全育成施策の現状

　子どもたちの健全育成を図るために，わが国ではさまざまな事業展開を行っている．本来，児童健全育成の範囲は「児童保護」を含む幅広いものであるが，ここでは児童の身体的，精神的，社会的に健全な育成を目的とした，いわゆる狭義の「児童健全育成」について，その施策をみていくことにする．

1）児童厚生施設

児童厚生施設とは，児童福祉法第40条に規定された児童福祉施設の一種であり，「児童に健全な遊びを与えて，その健康を増進し，または情操を豊かにすること」を目的としている．地域の子どもの健全な発達を支援するために，遊びを中心としたさまざまな活動や体験，機会を提供しており，児童健全育成サービスの重要な拠点として位置づけられている．児童厚生施設は，屋内型の児童館と屋外型の児童遊園の2つの種類がある．

1　児童館

【施設の概要】

児童館は，遊びを通して子どもたちの心身の健やかな発達を促進することを目的とした児童厚生施設である．対象は地域の0～18歳までの子どもで，主に3歳以上の幼児または小学校低学年（1～3年）の学童が多く利用している．職員には，「児童の遊びを指導する者」として児童厚生員が配置されている．活動内容は，七夕やクリスマスなどの季節的な行事や伝統遊び，ゲーム遊びなどの集団活動，親子で遊べるプログラム，さらに近年では放課後児童健全育成事業や中高生等の年長児童に対する支援，保護者への育児相談などを実施している．また，地域の子ども会や母親クラブ育成助長を図るなど，地域育成組織活動の拠点としての役割も担っている．

【施設の形態】

児童館は，その規模により小型児童館，児童センター，大型児童館に分けられる．小型児童館は，小地域の児童を対象とし，一定の要件を具備した児童館である．児童センターは小規模児童館の機能に加え，児童の体力増進に関する指導機能を有する児童館である．大型児童館は，広域の児童を対象とし児童のニーズに応えられるさまざまな設備を有した児童館をいい，A型児童館，B型児童館，C型児童館に分けられる．

【児童館の今日的役割】

近年，幼児期や学童期の子どもの共感性や協調性の低下など，子どもの社会性に関する問題が指摘されている．これはテレビゲーム等の普及にともない，屋外で友だちと遊ぶ機会が減少していることなど，子ども遊びの変化がその一因といわれている．児童館は，遊びを通して子どもの自立性，社会性，創造性の育成が主要な目的である．こうした子どもたちの現代的な課題に対して，児童館は，子どもが集団における相互関係を通して，社会性や情緒の発達がよりよく実現できるよう，その役割が期待されている．

また，現在は学童期までの子どもだけではなく，不登校，引きこもり，非行などさまざまな青少年の問題行動が深刻になっている．かつては学童期までの子ども中心の運営形態，施設形態に偏っている児童館が多かったが，近年は中高生の対応に力を入れる児童館も増え始めている．今後，中高生の居場所として，児童館がどのように機能していけるのかはひとつの課題といえる．

図表4—4　児童館の類型

種別		内容
小型児童館		小地域を対象として，児童に健全な遊びを与え，その健康を増進し，情操を豊かにするとともに，母親クラブ，子ども会等の地域組織活動の育成助長を図る等児童の健全育成に関する総合的な機能を有するもの
児童センター		小型児童館の機能に加えて，運動，遊びを通して体力増進を図ることを目的とした指導機能を有するもの
大型児童館	A型児童館	児童センターの機能に加えて，都道府県内の小型児童館，児童センターおよびその他の児童館の指導および連絡調整等の役割を果たす中枢機能を有するもの
	B型児童館	豊かな自然環境に恵まれた一定の地域内に設置し，児童が宿泊しながら，自然を生かした遊びを通して協調性，創造性，忍耐力等を高めることを目的とし，小型児童館の機能に加えて，自然の中で児童を宿泊させ，野外活動が行える機能を有するもの
	C型児童館	広域を対象として児童に健全な遊びを与え，児童の健康を増進し，または情操を豊かにする等の機能に加えて芸術，体育，科学等の総合的な活動ができるように，劇場，ギャラリー，屋内プール，コンピュータープレイルーム，歴史・科学資料展示室，宿泊研修室，児童遊園等が適宜附設され，多様な児童のニーズに総合的に対応できる体制にあるもの

出所）福祉士養成講座編集委員会編『新版社会福祉士養成講座　児童福祉論（第3版）』中央法規2005年　p.141

さらに，現在は，少子化や核家族化など社会情勢の変化から，子育て不安等を抱える保護者が増えている．児童館では，そうした保護者の不安や悩みなどを少しでも軽減できるように親子遊びや子育て相談を実施している．職員には母親の悩みをきくためのカウンセリング能力や母親同士のつながりを深めるためのファシリテーター（促進者）としての役割が求められている．

このように児童館は，地域において，乳幼児，学童だけではなく，思春期・青年期の子どもたち，子育て中の保護者など，ライフステージを通しての幅広い支援を行う機能が求められている．

【事例1】～自分の居場所を見つけた中学生～

現在，中学2年生のA子は小学生時代，頻繁に児童館を利用していた．中学校に入学後は，しばらく姿を見せなかったが，中学2年生になった春頃から，ときおり児童館に遊びに来るようになる．ただ，A子が児童館に来る時間帯が昼間であったために，心配になった児童厚生員がA子に話を聞いた．A子は中学2年生になってから，友だちとの関係が上手くいかず，不登校が続いているという．「昼間行く場所がないから児童館に来た」と話し，何をするわけでもなく過ごしている．児童厚生員は，昔からA子を知っていることもあり，来るたびに笑顔で話しかけ，何気ない会話を交わしていった．あまり自分の内面を語らなかったA子であったが，児童厚生員と何度か話すうちに「学校に行くことに目的を感じない」「自分に自信がない」など，次第に自分の気持ちを話すようになる．そのような関係がしばらく続いた後，児童厚生員は児童館で行っている異年齢交流プログラムにA子を誘った．子どもと遊ぶことが好きなA子は，自分より幼い子どもたちとの関わりを繰り返す中で，次第に笑顔を取り戻していった．子どもたちからは，お姉さんとして慕われるようになり，A子自身も，まるで自分の居場所を見つけたかのようにいきいきとし始めた．不登校はすぐには改善されなかったが，子どもたちとの関係を通して，A子は自分の存在を確認し，次に進むための力を着実に蓄えているように感じるでき事であ

った．

【事例2】 ～孤立した子育てに悩む母親との相談～

　最近親子で児童館を利用しはじめたある母親から相談があった．母親は「夫の転勤でこの土地に来たばかりだが知り合いもなく，毎日夫が出勤すると2歳女児と2人きりで誰かと会話することもない」「女児は最近，反抗期なのか言うことを聞かず，何度か叱っているうちにイライラして怒鳴ってしまい，女児がおびえ泣くことが増えた」と訴える．さらに「夫は帰りが遅く，なかなか相談にのってもらえないし，家にいてもイライラするだけだから，児童館に来た」と語る．

　母親は，とくに知り合いのいない土地での子育ての心細さと，孤立感，そして毎日繰り返す子どもとの生活に息苦しさを感じているようである．相談に応じた児童厚生員は，追い詰められている母親の気持ちに共感の言葉をかけて受容するとともに，2歳児のだだこねは成長過程でどの子も経験するもので，親がゆとりをもって関わることが問題解決につながることを，具体的な事例に沿って伝える．また児童館での活動を紹介し，同じ子育てをする母親同士の交流を通して「みんな同じように迷ったり悩んだりしているのだ」と伝えていく．母親は，「ゆっくり話を聞いてもらったことで気持ちが楽になりました」と相談を終了し，その後児童館で行われている「子育てサロン」に親子で遊びに来るようになる．何度か通ってくると同じ子育てをする仲間ができて，母親は見違えるように明るくなり，「自分が安定すると子どもを叱らなくなった」と言い，親子の関係も改善されてきている．

2　児童遊園

　児童遊園は，屋外型の児童厚生施設であり，地域における児童を対象として，児童に健全な遊びを与え，その健康を増進し，自主性，社会性，創造性を高め，情操を豊かにすることを目的としている．母親クラブ等の地域組織活動

を育成助長する拠点としての機能を有するとともに，地域の健全育成拠点や子育て広場の役割など，子育て支援機能をもつ拠点としての位置づけが期待されている．現状では，主に小学生，乳幼児とその保護者の利用が多い．

職員には，「児童の遊びを指導する者」として児童厚生員の配置が義務づけられている．なお，配置については，専任，兼務または他の児童厚生施設の児童厚生員による巡回でもよいとされている．

2）放課後児童健全育成事業（放課後児童クラブ）
1　放課後児童健全育成事業の概要

「放課後健全育成事業」は，「小学校に就学しているおおむね10歳未満の児童であって，保護者が労働等により昼間家庭にいないものに，政令で定める基準に従い，授業の終了後に児童厚生施設等の施設を利用して適切な遊び及び生活の場を与えて，健全な育成を図る事業」（児童福祉法第6条の2）で，一般には「放課後児童クラブ」，「学童保育」などとよばれている．

共働き世帯が増え始めた1950年頃から，働く親や地域住民の強い要求によって，子どもが放課後安心して過ごすのできる場所として「学童保育」が開設されるようになった．その後，親や保育者などを中心に学童保育の法制化を求める運動が続けられてきた．しかし，小学校就学後の子どもが過ごす場所として，児童福祉法に基づく児童厚生施設（児童館・児童遊園など）があること，地域には子ども会が組織されているなどの理由で，学童保育の法制化は見送られてきた．しかし，1997（平成9）年の児童福祉法改正でようやく「放課後児童健全育成事業」として法制化され，同時に社会福祉法においても第2種社会福祉事業として位置づけられた．活動内容は，①放課後児童の健康管理，安全確保，情緒の安定，②遊び活動への意欲と態度の形成，③遊びを通しての自主性，社会性，創造性を培うこと，④放課後児童の遊びの活動状況の把握と家庭への連絡，⑤家庭や地域での遊びの環境づくりへの支援，⑥その他放課後児童の健全育成上必要な活動などである．

設置場所は，主に小学校敷地内の専用施設や余裕教室，児童館や公民館などである．職員は保育士や幼稚園教諭，小学校教諭の免許・資格をもっているものが多い．また，職員の雇用形態としては嘱託職員や非常勤が多くなっている．現在，設置数は約1万7,500ヵ所，利用児童数は約78万7,000人である．

なお，2007年から，放課後等に子どもが安心して活動できる場の確保とともに，次世代を担う児童の健全育成を目的として，文部科学省所管の「放課後子ども教室」との一体的あるいは連携をした「放課後子どもプラン」が実施されている．

2　放課後児童健全育成事業の今日的役割と課題

近年，放課後の子どもたちの生活環境をみると，さまざまな事故や犯罪などが多発し，子どもたちが仲間とのびのびと遊んだり，安心して過ごせる場所も少なくなり，健やかな成長・発達が阻害されている．放課後児童健全育成事業は，子どもに遊びや生活の場を与え，その健全育成を図ることが目的である．そして同時に，保護者の子育てと仕事の両立の支援を図ることを目的とした事業でもある．実際に小学校に子どもを通わせる保護者（母親）のおよそ半数は働いており，児童健全育成事業に対するニーズは大変高い．しかし，開設時間や休日保育の有無などは地域によって異なり，就労形態によっては利用したくても利用できないことがある．

放課後児童健全育成事業が今日的ニーズに応じた機能を果たすために，職員の配置基準や施設・設備の基準について定めるとともに，設置数の拡大や発達障害児の利用の機会の確保のための適切な配慮が求められている．

【事例3】～学童保育における子どもの育ち～

S君は小学校2年生の男子である．両親がともに働いているため小学校入学当初から学童保育を利用していた．S君は保育園時代から活発で元気がよく，さらに手先が器用で製作活動なども得意だった．しかしその反面，やや衝動的

な面があり，友だちとのけんかもたびたびあった．小学校に入学後，S君の衝動的な面は目立つようになり，椅子にじっと座っていられない，友だちを叩くといった行動がしばしばあった．そのたびに先生に怒られ，友だちとの関係も上手く作れない状態が続いた．学童保育のなかでも，当初S君は上手く友だちを作ることができず，一人で遊ぶ姿が目立っていた．しかし，手先が器用なS君は絵を描くことや，粘土での製作がとても上手で，次第に他の子どもたちから注目されるようになった．放課後児童指導員は，そうしたS君の特技を活かす援助を考え，みんなで製作活動をする際に，S君にお手本を見せてもらうように促した．当初S君はモジモジして恥ずかしがっていたが，上手な作品と元気な性格から，次第に子どもたちの人気者になっていった．そして周りに認められる体験を通して，以前より気持ちも安定し，友だちとの関係も上手く作れるようになった．2年生になったS君は，小学校の教室でも以前より落ち着いた行動をとれるようになった．まだ，多少衝動的な面はあるものの，学童保育を通して，自分の存在が認められる居場所を見つけ，ひとつ壁を乗り越えたS君であった．

3）地域組織活動

　地域組織活動とは，児童館，公民館，小学校等を拠点として子どもの健全育成を図ることを目的に地域で活動をする団体であり，子ども会，母親クラブなどがあげられる．

　子ども会は，異年齢の集団による仲間活動，とくに子どもの遊びを中心とした活動を行うことで，社会の一員として必要な知識，技能，態度を学ぶとともに，健全な仲間づくりを促進し，子どもの心身の成長発達を促すことを目的とした，地域を基盤として組織された団体である．会員は，就学前3年〜高校生までの子どもと，その子ども集団を支え活動を支援する成人の指導者，保護者である．現在全国に約12万の子ども会があり，約440万人の子どもと，約135万人の指導者，保護者が加入している（2004年）．

母親クラブは，子どもの健全育成を目的として，児童館等を拠点に地域におけるボランティア活動を行う組織である．全国地域活動連絡協議会や都道府県ごとの連絡協議会のもとに組織化されている．会員は，地域の児童健全育成に関心のある地域の住民であり，子育て中の母親に限ることはない．子育てや家庭，地域での生活の問題など，子どもたちを取り巻くさまざまな問題について解決のための取り組みを行っている．主な活動内容は，① 親子および世代間の交流・文化活動，② 児童養育に関する研修活動，③ 児童事故防止のための活動，④ 児童館日曜等開館活動，⑤ その他児童福祉の向上に寄与する活動などである．現在，全国に約2,800のクラブがあり，約14万人が参加している（2006年）．

その他，青少年ボランティア，子ども会の指導や児童厚生施設への協力などの活動をするVYS（Voluntary Youth Socialworker）等の組織がある．

地域の人間関係や連帯感が希薄化している現代において，こうした地域住民の積極的参加による組織的な活動は大きな意義をもつものであり，子どもの健全育成の推進のための一資源として，母親クラブや子ども会などの地域組織における積極的な活動が望まれている．

【事例4】 〜地域の子ども会にはじめて参加した保護者の話〜

はじめて子ども会の活動に参加し，子どもと一緒に創作活動をしました．子どもが嬉しそうに物作りをしている姿を見てとても感動しましたし，改めて子どもの創造力の素晴らしさを実感しました．終わった後に子どもが「またやってみたい！」と笑顔で話した姿は，親としてもとても嬉しかったです．他の子どもの様子もみることができましたし，その保護者の方，高校生や大学生のサポートのみなさんとも交流ができ，子どもとのかかわりで参考になることもいっぱいありました．とくに大人からの声かけはすごく大切だなと実感しました．そして自分にとっても子育てをしていく上で，近くにこんなに仲間がいるんだと実感できたことは，何より嬉しかったです．今後も，色々な活動に参加

したいと思います.

(5) 次世代健全育成の課題

　最近，子どもや青年の対人関係能力や規範意識の弱さ，コミュニケーション能力の低下など，子ども・青年の社会性に関する問題は，多くの保育・教育現場から共通に聞こえてくる課題である．これらは，少子化や核家族化，都市化など近年の生活環境の激変によって，子どもの遊び場や遊びの仲間が減少し，子どもの社会体験が乏しくなっていることが，その一因といわれている．こうした現代的な課題を乗り越えるために，児童健全育成事業に求められる期待はとても高く，子どもの遊び場の確保やその質的向上など，子どもを育成していくための環境づくりは緊急の課題といえる．とくにその中心的役割が期待されるのは児童館であり，異年齢の子ども同士の交流，世代を超えたさまざまな人びととの出会い，そのなかでの人間関係の構築など，多様な社会体験ができる場として，その機能を有効に活用することが求められる．現在児童館は，地域によって設置状況が異なり，開館時間や設備面を含め課題を抱えている．今後，設置数の増加や地域の実情にあった事業運営が期待される．

　また現在は，いじめ，不登校，引きこもりなど，中高生の年長児童にみられる問題が増え，このような年長児童に対する自立支援を進めることは健全育成事業にとっても大きな課題である．これまで年長児童に対する健全育成事業は，児童館等を中心に実施されているものの，年長児童に対する支援プログラムが充実していないことなどから，全国的にみると利用者数はさほど多くない．今後，それぞれの世代の児童の感性に合致した多様な遊びの活動やプログラムを展開することが必要となるだろう．

　さらに，現在は子育てを行う保護者が抱える問題も増えている．乳幼児に触れる機会のないまま親となり，はじめての子育てに関して戸惑い，不安をもつ親も多い．また，核家族化の進行などの影響で，周囲から子育てのサポートを得られない，いわゆる閉塞的な子育ての状況も増え，育児ノイローゼや子育て

不安を抱える保護者が非常に多くなっている．現在，健全育成事業には，こうした保護者へ向けた子育て支援機能の充実が求められており，児童館に地域子育て支援拠点（児童館型）を設置して，対応している地域もある．

こうした幅広いライフステージの対象に健全育成サービスを展開するためには，当然，職員により広範な専門知識・技能が必要となってくる．職員に対する研修の充実や人材育成はもちろんであるが，現在の職員配置では適切な対応が困難な状況もあり，地域活動を担うボランティア等の人材確保，養成，育成などを含め，人材の配置のための総合的な環境づくりが求められるところである．

最後に，次世代健全育成は，次の世代を担う子どもたちを育てるため，子育ての直接の当事者である保護者だけではなく，国，地方公共団体，企業，子育てに直接関係のない地域の住民など，すべての人びとが参画し責任を負うことがめざされている．今後，子どもたちの生活の質を生涯にわたり向上させていくために，医療・教育・福祉・就労など子どもにかかわる関係機関が連携を密にし，さらに地域の住民も取り込みながら，子どもの健全育成のための総合的な体制を構築することが必要となる．また，次世代健全育成の理念を浸透させるため，地域住民への啓発活動も積極的に展開していくことが必要となるだろう．

2．保育・子育て支援と子ども家庭福祉

●キーワード●
保育所，認定子ども園，地域子育て支援事業

わが国では，1989（平成元）年に合計特殊出生率が過去最低になった「1.57ショック」以降，少子化の傾向が継続している．少子化傾向は，家族の構成員の減少や収入源の減少，家族の育児や介護の負担増加などの問題を生み出すと

予想されている．また社会全体にとっても，社会的負担の増加や社会経済状況の悪化の要因となることが予想された．そのため，1990年代以降，エンゼルプラン（1994年）を手始めに，さまざまな保育・子育て支援等の施策が策定されてきた．当初は，働く女性が仕事と育児を両立できる環境を整備することを目標としていたが，少子化傾向に歯止めがかからず，2003年に次世代育成支援対策推進法，少子化社会対策基本法が公布されたことから，関係する省庁が連携して，家庭で子育てをする保護者への育児支援をも含めた子育て支援施策が推進されるようになった．

ここでは，保育所の保育と地域の子育て支援施策の歩みを振り返り，保育・子育て支援施策を社会全体で取り組む意味や今後の課題について検討する．

（1）保育所と子育て支援
1）保育所の歩みと役割の変化

児童の救済保護事業は明治期に活発に行われるようになったが，この救済の役割を実質的に担ったのは民間の慈善事業者であった．明治時代，赤沢鐘美・仲子夫妻は，貧困家庭の児童が幼い弟や妹を背負って学校に通う姿をみて，新潟清修学校に保育部を附設し，後に常設の託児施設とした．これがわが国最初の保育所といわれている．

第1次世界大戦後の急速な資本主義の進行にともない，貧しい農家の女性を中心に工場労働者となるものが増加した．そのため託児所を付設する工場が現れた．一方，農村地帯では，農作業で忙しい時期に宗教家や婦人会が，寺社や学校を利用して農繁期だけの託児所を設置するようになった．国や地方自治体もこの農繁期託児所の開設を奨励したが，この時代の託児所は，貧困や戦争などで養育が困難になった児童の救済対策として，地域の篤志家や宗教家，社会事業家などの，少数の民間人の努力によって開設されたといってよい．

岡山県では，大原孫三郎・壽恵子夫妻が，1924（大正14）年に私有地に託児所「若竹の園」を開園した．急速な繊維産業の発展は，地方でも女性労働者の

急増を促し，子どもたちの成育環境が悪化していた時期であった．「若竹の園」では，子どもたちの健全な発達をめざし，乳幼児の健康な発達を支えるために常に医師と連携して健康管理を行い，また，適切な教材をもって「心身に束縛なき自由保育を行う」ことを保育方針としていた．また，貧困のために弁当を持参できない子どもたちの健康のために給食を実施した．

第2次世界大戦中の1944（昭和19）年には，託児所が2,184ヵ所，工場・鉱山附設託児所は1,208ヵ所，季節保育所は5万395ヵ所にのぼった．

戦時下には労働力が不足し，女性がさまざまな職場に進出するようになった．そのため幼稚園と託児所が統合され戦時保育施設となった．東京市では幼稚園閉鎖命令がだされ「戦時託児所」として乳幼児の保護を行うようになった．

1947（昭和22）年に児童福祉法が公布され，託児所は，児童福祉施設として法制化され「保育所」となった．さらに1948（昭和23）年に定められた児童福祉施設最低基準によって，乳幼児を保育するために必要な施設・設備や職員の配置など保育に必要な環境が明確にされた．しかし，戦後の財政難のなかで設定された保育単価では最低基準を維持することも容易でなく，保育所を開設した人びとは着るものにも，日常の生活費すら事欠くような状態であったという．

1970年代以降の高度経済成長期には，産業構造が急速に変化するなかで女性の労働者が急増した．また，就業構造の変化は人口の過疎化・過密化，核家族化など，家族生活も変容させ，保育に欠ける乳幼児のための保育所を増設する運動が国民的な広がりをみせた．1980年代には，急速にすすむ少子・高齢化社会への対策が大きな課題となった．1989年以降に策定された一連の「エンゼルプラン」は，出生率の低下に歯止めをかけるために，仕事と育児の両立をめざした特別保育事業の充実や保育サービス提供事業者の拡大を図るものとなっていた．しかし，働く女性だけでなく，家庭で子育て中の親の育児不安やストレスも大きく，育児支援を必要としていることが明らかになってきた．そ

のため「子ども・子育て応援プラン」(2004年),「新しい少子化対策について」(2006年),『「子どもと家族を応援する日本」重点戦略』(2007年) などでは, すべての子育て家庭を対象に総合的な保育・子育て支援施策が策定された. 保育所は, これらの施策の目的を達成するための重要な拠点施設として, 専門的な地域の子育て支援サービスを提供することのできる児童福祉施設となっている.

2）保育所の設置目的と利用の手続きについて

① 保育所の目的と設置基準

保育所は「日日, 保護者の委託を受けて, 保育に欠けるその乳児または幼児を保育することを目的」とした児童福祉施設であるが,「特に必要がある場合は（中略）保育に欠けるその他の児童を保育」することを目的とする児童福祉施設である（児童福祉法第39条）.

保育所の最低基準をみると,「乳児または2歳未満の幼児」を保育する場合には「乳児室又はほふく室, 医務室, 調理室」など,「2歳以上の幼児」を保育する場合には「保育室又は遊戯室, 屋外遊戯場, 調理室」などを設置しなければならないことになっている. 職員としては「保育士, 嘱託医, 調理員」を置かなければならない. 児童に対する保育士の配置は, 図表4—5のように変遷している.

② 保育所が実施する保育サービス

保育所の保育は, 原則として1日8時間である. しかし, 保護者の労働形態の多様化にともない, 保育ニーズも多様化したために, 地域の労働時間や家族状況などを考慮して保育時間など保育サービスも多様になっている. 2000年には「特別保育事業の実施について」通知が出され, 延長・長時間保育, 休日保育, 病後児保育, 障害児保育などが実施されるようになった. その後, 地域の子育て支援要求の増加と国の保育関係補助金の見直しが行われるなかで,「保育対策等促進事業の実施について」(2007年) に基づき, 次のような保育サ

ービスが提供されるようになった．

A．一時・特定保育事業：市町村または保育所が実施する．この事業を実施する場合は，専用のスペースを用意する必要がある．また，保育所以外の公共的な施設で実施する場合は保育士2名以上を配置しなければならない．「一時保育促進事業」は，保護者の仕事の仕方が多様で，断続的に保育ニーズが発生する場合，また専業主婦家庭等の育児疲れの解消や急病，入院等によって，一時的に保育に欠ける状態になったときに保育サービスを提供する．「特定保育事業」は，児童の保護者が，一定程度（1ヵ月当たり概ね64時間以上）保育することができない場合に，保護者の申し込みによって必要な日時だけ保育所で保育をする．

B．休日・夜間保育事業：市町村または保育所を経営するものが実施する．「休日保育事業」は，保護者が，日曜，国民の祝日等に勤務することで保育に欠ける状態となる児童の保育を行う．「夜間保育事業」は，保護者が夜間に就労する等によって，日中保育・延長保育後にも保育に欠ける状態にある児童を保育する．開所時間は原則11時間で，夜10時までを保育時間としている．

C．病児・病後児保育事業：児童が保育中に体調不良になった場合など，保育所での緊急的な対応を充実させ，安心かつ安全な体制を確保し，保護者の子育てと就労の両立を支援するとともに，児童の健全な育成に寄与するものである．実施主体は市町村または保育所となっている．

図表4−5　職員配置の基準

	乳児	満1歳児〜3歳児未満	満3歳児〜4歳児未満	4歳児以上
1967年	6：1		30：1	
1968年	6：1		（25：1）	30：1
1969年〜1997年	（3：1）6：1		20：1	30：1
1998年〜	3：1	6：1	20：1	30：1

出所）全国保育団体連合会・保育研究所『保育白書2008年版』ひとなる書房　2008年　p.36　図表1−3c1から抜粋して作成

D. 待機児童解消促進等事業：保育所入所待機児童の解消を図ることを目的とした事業で，送迎保育ステーション試行事業，家庭的保育事業，認可化移行促進事業，保育所分園推進事業，保育所体験特別事業，障害児保育円滑化事業などがある．「保育所体験特別事業」は，普段，認可保育所を利用していない親子や適切な保育を必要としている親子などに保育所を開放し，定期的に保育所での体験をさせたり，保育所の園児との交流を体験させる．また，保育士や医師からのアドバイスを通して親子の育ちを支援する．「障害児保育円滑化事業」は，保育所で，軽度の発達障害をもつ児童を含め障害児を4人以上受け入れて保育する場合に必要となる経費の助成を行うものである．「家庭的保育事業」は，保育所や児童入所施設と連携を図りながら，低年齢児の保育を行う事業（個人実施型），保育所が雇用する家庭的保育者が就学前児童の保育を行う事業（保育所実施型）などがある．

保育所では保育所保育指針に示された保育内容を提供すると同時に，多様化する保育ニーズに対応するために，保育所外での個別的な子育て支援を実施している．

③ 保育所利用の手続き

保護者から申し込みがあった場合，市町村は保育所での保育サービスを提供しなければならない．しかし，保護者の希望にそって，すべての子どもを受け入れると適切な保育を行うことができない場合は，市町村は申し込みをした家庭や保育所の状況，地域の実情を十分に配慮し，公正に保育の対象となる子どもを選考できるように，客観的選考方法，選考基準を定めなければならない．

保護者が「児童を保育することができない」状態とは，「① 昼間，労働していることが常態としている　② 妊娠中または出産後間がない　③ 疾病にかかり，若しくは負傷し，又は精神若しくは身体に障害を有している　④ 同居の親族を常時介護している　⑤ 震災，風水害，火災その他の災害の復旧にあたっている　⑥ 前各号に類する状態にある」（児童福祉法施行令第27条）ことであって，同居の親族などが児童を保育することができないと認められる場合をい

う．就労については，短時間就労者や求職中の者に対しても保育の必要性を認めている．また，保育の優先性の要素として，ひとり親家庭や被虐待児，障害や発達に特別な配慮が必要な子どもなども認められている．

市町村は，これらの保育の実施基準からみて，保育所での保育が必要と思われる子どもがいる場合，保護者に保育所を利用するように勧奨しなければならないことになっている．保育所入所の手続きは利用契約制度へ移行したが保護者の状況によって，子どもが適切な保育サービスを受けられていないと思われるときは，児童福祉法の理念にそって公的な責任で保育が実施される．

保育所を利用することを希望する保護者の申し込みの手続きと市町村との関係は次の図表4—6のようになっている．

④ 保育に関する情報提供

子どもの保育を必要とする保護者は，希望する保育所を選択し，利用の申し込みをする．その際，保護者が子どもにとって適切な保育サービスを提供する保育所を選択できるように，保育所の情報が必要となる．市町村および保育所は，保育時間，保育方針，保育サービスの実施状況，保育所の特色など保育に関する情報を提供することが義務づけられている（児童福祉法第48条の3）．

3）女性の仕事と保育所利用状況

保育所は，父母の労働を主な理由として「保育に欠ける」児童を保育する児童福祉施設であるが，社会的環境の変化によって，そこで提供される保育サービスも変化してきている．

その理由のひとつは，女性労働に関する意識の変化である．「男女共同参画社会基本法」（1999年）の制定で，女性の労働権への理解，「夫は仕事，妻は家事」という性役割意識が変化し，女性の社会進出を推し進める環境が広がった．次に「雇用の分野における男女の均等な機会及び待遇の確保等に関する法律」（1985年）によって，母性保護が規定される一方で，女性の就労先，勤務時間や勤務形態の差別を撤廃することが定められた．さらに「育児休業，介護

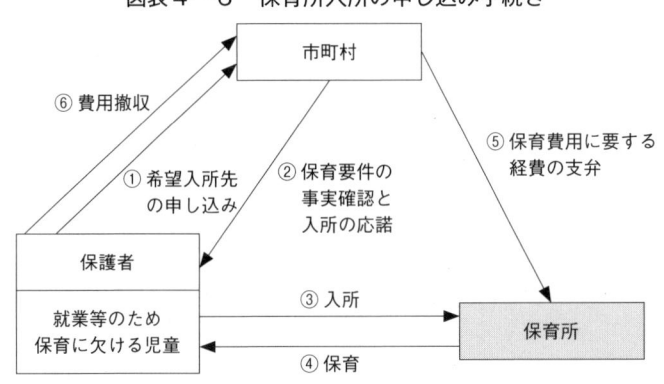

図表4−6　保育所入所の申し込み手続き

```
                        市町村
        ⑥費用撤収    ↗        ↘  ⑤保育費用に要する
                ↗                経費の支弁
        ①希望入所先  ②保育要件の
        の申し込み   事実確認と
                   入所の応諾
        保護者
        ┌─────────┐      ③入所
        │就業等のため │ ─────────→  保育所
        │保育に欠ける児童│ ←─────────
        └─────────┘      ④保育
```

出所）全国保育団体連合会・保育研究所『保育白書 2006 年版』ひとなる書房　2006 年　p.27

休業等育児又は家族介護を行う労働者の福祉に関する法律」（1991 年）が施行され，仕事をもつ男女のいずれもが育児休暇を取得できるようになるなど，女性の雇用形態の多様化に対応する法整備が進められた．こうした制度の変化が女性の社会参加と働くことの意識を変化させたといえる．

　第2の理由は，女性の就労を社会も必要としているということである．高度経済成長期以降，女性労働者は年々増加し，1975 年には既婚の女性労働者が女性労働者の半数を超えている．現在，女性労働の約 60％が既婚者である．しかし，年齢別にみると「30〜34 歳」の就労率が最も低い「M 字型カーブ」の就労形態になっている．「30〜34 歳」の年齢階層は乳幼児を養育する時期と予想され，女性が育児のために仕事をやめることが多いためと思われる．また，パートや臨時等の不安定な就労形態が多くなっている．女性の社会参加を推進する法の整備が行われているとはいうものの，いまだに女性の就労継続と子育ての両立は困難で，乳幼児期は子育てを優先し，仕事は子どもがある程度大きくなってゆとりができてから再就職するという傾向が残されている．

　保育所の設置数は，1985（昭和 60）年以降やや減少傾向にあるものの，ほぼ同数で推移し，現在約 23,000 ヵ所設置されている．一方，少子化が続いているにもかかわらず，1993（平成 5）年以降，保育所の在所児数は年々増加し，

現在約212万人となっている．

一方，「保育に欠ける」状態にありながら，保育所に入所できない「待機児童」は約1万8,000人となっている．待機児童は4年連続で減少しているものの，都市部を中心に存在している．また，年度初めに定員を満たしてしまう保育所が多く，年度途中に保育所の入所を希望するものは入所が困難となっており，待機児童は年度後半に増加する傾向にある．

こうした状況をうけ，厚生労働省は2008年2月に「新待機児童ゼロ作戦」を発表した．「希望する全ての人が子どもを預けて働くことのできるサービスの受け皿を確保」するとして，10年後の目標として，3歳未満児の保育サービスの利用割合を38％（現行20％）に，放課後児童クラブの利用割合を60％（現行20％）に増やすと高く掲げている．

この目標達成に向けて，保育の提供手段を多様化するために，児童福祉法が改正され，家庭的保育事業が位置づけられた（2008年11月）．また，次世代育成対策推進法が改正され，地方公共団体における保育サービスの計画的整備が進められている．

4）保育所保育および保育所での子育て支援の課題

子育て家庭の環境が変化しているなか，保育所は，児童の保育と保護者の育児について指導・援助を行うことを目的とした児童福祉サービスの提供主体として，主要な役割を果たすようになってきた．

子育て支援施策の実践にかかわる保育所の課題には，次のようなものがある．

① 児童の成長・発達権の擁護

保護者の就労の多様化にともない，多様なニーズに対応する保育が行われている．延長保育や休日保育，夜間保育など，保育の保育形態も多様になっている．近年，保護者の生活の利便性からこれらの保育サービスを選択する傾向がみられる．しかし，保育サービスが保護者の立場から選択されるのではなく，

子どもの成長・発達権を保障する視点から選択される必要がある．

　保護者が育児について知識をもたなかったり，無関心であったりした場合や，虐待を繰り返している場合，保護者が保育所利用の選択について十分な能力をもっていない場合など，子どもが保育に欠ける状態にあっても，保護者は自発的に保育所利用の申し込みをしないことがある．こうした場合，市町村は，保護者の利用を勧奨しなければならないことになっているが，現状では積極的な勧奨が行われているとはいえない．

　市町村は，子どもの権利保障の観点から，子どもの保育の場を選択できるように支援する必要がある．

　あわせて保育所は，子どもの成長・発達のために，保育の質を検討しなければならない．次の事例は，子どもが安定して保育を受けるために保育環境の改善に取り組んだものである．

【事例】子どもの思いと休日保育・夜間保育の質
　大病院や企業が多い市の中心部に位置するＳ保育園は，多様な保育ニーズにこたえて夜間保育や休日保育に取り組んでいる．4歳のＭちゃんの両親は医療従事者であり，夜間保育や休日保育を利用しながらＭちゃんを育てている．

　ある日曜日，休日保育のため登園してきたＭちゃんは，保育室の窓際でだれに言うでもなく「Ｍにはおやすみがない」とぽつりとつぶやいた．そのつぶやきを受けとめた保育園は，休日保育や夜間保育の環境の改善に着手した．

　まず，夜間保育・休日保育のための専用の部屋を確保した．部屋には畳を敷き，家庭の居間に近い環境を作った．さらに夜間と休日保育を担当するパート保育士として，あえて子どもたちのおばあちゃん世代にあたる50代後半の保育士を採用した．くつろいですごせるための人的環境を考慮したのである．

　こうした環境改善により，家庭的雰囲気を持った夜間保育・休日保育が営まれている．Ｍちゃんもパート保育士が好きになり，休日保育を楽しみにする

ようになった．

② 待機児童の解消

　保育に欠ける状態が発生した場合，優先されるべき子どもの基準は市町村の条例で示されている．保育所の利用は，保護者の就労形態が多様になったことや地域の子育て家庭の育児支援の必要性から，短期利用や一時的利用などのニーズも高くなっている．しかし，こうした保育ニーズの増加に対して，保育所の設置数は増加していない．保育に欠ける児童については，認可外の保育サービス提供事業者を増やしたり，企業内で託児サービスを提供するなどの方法を導入している．こうした施策の背景には，社会経済状況の悪化によって財政支出が縮小されていることがある．保育サービスに関する財源は，必要とするすべての子どもにとって質の高い保育環境を整備するために確保されることが原則である．そのうえで，保護者の不定期の労働などで保育に欠ける児童についても，必要な量と質を確保し，必要な人が，いつでも公平に福祉サービスを利用できるように財政の裏づけをする必要がある．

③ 地域との連携

　日々の保育のなかで集団生活を通して相互にかかわりあう経験は，すべての子どもにとって，社会性の発達を促すという重要な意味をもつ．子どもたちが豊かな集団経験ができる保育は，発達障害や集団生活のなかでとくに配慮を必要とする子どもにとっても大切な体験である．

　そのためには，担当保育士の実践に加えて，保育所の職員相互の協力，保護者，地域など周囲からの支援が必要となる．とくに，集団生活に特別な配慮が必要な子どもを含む場合，保育士は，発達障害児の保護者への支援と同時に，保護者相互の信頼関係の形成・相互の協同関係の形成，障害児の支援サービスに関する情報の提供，専門機関との連携などの活動を行わなければならない．そのためには，日頃から児童相談所や保健センター，地域療育支援センターや知的障害児通園施設などの児童福祉施設，小学校の特別支援教育のための支援

コーディネーターなど地域の関係機関との連携を構築しておくことが必要である．

しかし，現状では，どの専門機関もこうした連携を構築するための専門職員の配置がない．保育所でも，児童福祉施設最低基準に基づいて配置される保育士と障害児保育円滑化事業に定められる加配保育士が，日常の保育を支えているが，地域や家庭との連携を図るための専門職員は配置されていない．

保育所は保育士という保育の専門職のいるキーステーションとして，専門機関の連携を推進することが可能である．また，そうすることで，総合的な視点から子どもの成長・発達を促す役割を果たすことができ，保育所が豊かな社会資源となることにつながる．

(2) 認定子ども園と子育て支援
1)「認定子ども園」の設置に到る経緯

乳幼児期の発達を支える場として保育所と幼稚園に共通する役割があることは，戦後の児童福祉法と教育基本法の策定の過程でも議論されてきた．その後も何度か幼保一元化の議論が繰り返された．しかし，児童福祉施設である保育所は入所基準が設定されており，「保育に欠ける」状況によって利用者の優先順位が決められる．また，管轄の違いにより国および地方自治体の費用負担の財源が違っているなど，教育と保育を一元化して保障する制度の確立は，なかなか実現しなかった．

しかし，働く女性が増加し保育ニーズが多様化してきたことや，保育所入所が利用契約制度になったことなど，保育施策を取り巻く環境が大きく変化し，待機児童が増加してきた．また，ベビーホテルなど認可外の託児事業のなかには，乳幼児の保育に適さないものも多く，保育中の事故などの問題が増加した．こうしたなかで，就学前の子どもに対する適切な保育の場を早急に確保する必要がでてきた．一方，幼稚園では，入園児の確保と豊かな幼児教育のあり方が検討されていた．また，家庭で子育てをする保護者からはより早期から集

団生活での教育を希望するものへの対応も必要になっていた.

こうした保育所，幼稚園の現状と，財政支出の削減をめざす政府の方針から，幼保一元化に変わる「総合施設」の創設が提案された．2005年に「認定子ども園」のモデル事業が実施され，2006（平成18）年には「就学前の子どもに関する教育，保育等の総合的な提供の推進に関する法律」が施行された．

2)「認定子ども園」とは

「就学前の子どもに関する教育，保育等の総合的な提供の推進に関する法律」（2006年）の目的は，「少子化の進行並びに家庭及び地域を取り巻く環境の変化に伴い，小学校就学前の子どもの教育及び保育に対する受容が多様なものになっている」現状を考慮し，「地域における創意工夫」によって，就学前の子どもの教育・保育と「保護者に対する子育て支援の総合的な提供を推進するための措置を講じ」，地域の子どもが健やかに育成される環境を整備することである．

この法律で「子育て支援事業」とは，「子どもの養育に関する各般の問題につき保護者からの相談に応じ必要な情報の提供，助言を行う事業」「保護者の疾病その他の理由で家庭において養育を受けることが一時的に困難となった地域の子どもに対する保育を行う事業」「地域の子どもの養育に関する援助を受けることを希望する保護者と援助を行うことを希望する民間の団体もしくは個人との連絡及び調整を行う事業」「地域の子どもの養育に関する援助を行う民間の団体若しくは個人に対する必要な情報の提供及び助言を行う事業」であって，文部科学省令・厚生労働省令で定めるものをいう（就学前の子どもに関する教育，保育等の総合的な提供の推進に関する法律第2条の6）．

この法律でいう「教育・保育等を総合的に提供する施設」には，文部科学大臣と厚生労働大臣とが協議して定める施設の設備及び運営に関する基準によって「幼稚園型」「保育所型」「幼保連携型」「地方裁量型」が定められている．

「幼稚園型」は，学校教育法に基づいて設置された幼稚園が，幼稚園教育要

領に示された教育課程に基づく教育を行い，幼稚園の教育時間終了後に児童福祉法に基づく保育所保育を実施するものをいう．

「保育所型」は，児童福祉法に基づく保育所保育を行うと同時に，満3歳以上の子どもに対し，学校教育法にいう幼稚園の教育課程にそった目標が達成されるような保育をするものをいう．

「幼保連携型」は，学校教育法に基づいて設置された幼稚園と児童福祉法に基づく保育所が連携して，施設設備などが一体的に設置されている場合に，「相互が緊密な連携協力体制をとり，3歳以上の子どもに対して学校教育法に定められる目標にそって教育課程が実施されている」または「保育所などに入所している子どもに対して，幼保連携施設を構成する幼稚園に入園させて一貫した教育と保育を行う」ことができる幼保連携施設で，地域にこうした教育・保育の一体化の要求があって，都道府県の条例で定める認定の基準にそっているものをいう．

「地方裁量型」は，幼稚園・保育所のいずれでもないが，都道府県が認定する地域の子育て支援などの事業を実施しており，その基準が都道府県知事の認定にそっているものをいう．

3）認定子ども園の認定基準

「認定子ども園」の認定基準は，文部科学大臣と厚生労働大臣による，「国の指針」（「就学前の子どもに関する教育，保育等の総合的な提供の推進に関する法律第3条第1項第4号及び同条第2項第3号の規定に基づき，文部科学大臣・厚生労働大臣が協議して定める施設の設備及び運営に関する基準」2006年告示）にそって，各都道府県が条例で定めることになっている．「国の指針」では職員配置，職員資格，施設設備，教育および保育の内容，子育て支援等の事項が定められている．

① 職員の配置および職員の資格

職員の配置は，児童福祉施設最低基準に定められている保育所とほぼ同様になっている．しかし，3歳以上の子どもに対して，1日4時間程度の「短時間

利用」を実施する場合は35人を1学級としている．保育所型や地域裁量型の認定子ども園でも，3歳以上の子どもが短時間利用する場合は35人学級にすることができる．

職員は，概ね3歳未満の子どもの場合には保育士資格をもつものが担当し，3歳以上の子どもの場合には幼稚園教諭および保育士資格をもつものが担当することになっている．3歳以上で短時間利用をするものを担当する場合には，幼稚園教諭免許をもつものが望ましいとしている．

「地方裁量型」の認定子ども園で，子育て支援を行う場合の国基準はとくに定められておらず，都道府県が設置の目的を達成できるような基準を条例で定めることになっている．

② 施設・設備

施設設備は，「子どもに適切な教育や保育を提供することができる，子どもの移動時の安全が確保されている」という条件を満たしていることを原則としている．

1学級の床面積は180平方メートルとなっている．3歳未満の子どもが利用する場合には，児童福祉施設最低基準に定められている保育所とほぼ同様となっているが，2歳以上の幼児の遊戯室は1.98平方メートル以上となっている．設備には，保育室または遊戯室，屋外遊戯場，調理室が必要である．

③ 認定子ども園の利用手続き

利用者と認定子ども園との直接契約であり，利用者は直接サービス事業提供者に利用料を支払う．しかし，幼保連携型，保育所型については，市町村が保育に欠ける子どもの認定を行う．

4）教育および保育の内容

認定子ども園の保育の内容は「幼稚園教育要領」「保育所保育指針」に基づくものでなければならない．

そのためには，家庭で養育されることが困難な0歳から就学前までの子ども

を対象に，時間の長短や利用開始年齢の違いに配慮し，子ども一人ひとりの発達過程にそって一貫した援助が行われること，生活の連続性をもたせていること，子どもの主体的な活動を促すなど，乳幼児期にふさわしい生活が展開されるように環境を構成しなければならない．また，子どもの発達や学びの連続性を確保する観点から，小学校教育への円滑な接続に向けた教育および保育の内容の工夫をはかる必要がある．

原則として，次のような教育と保育が提供されることになっている．
◦ 十分に養護の行き届いた環境のもとに，くつろいだ雰囲気のなかで子どものさまざまな要求を適切に満たし，生命の保持および情緒の安定を図る．

図表4−7 「認定こども園」の形態

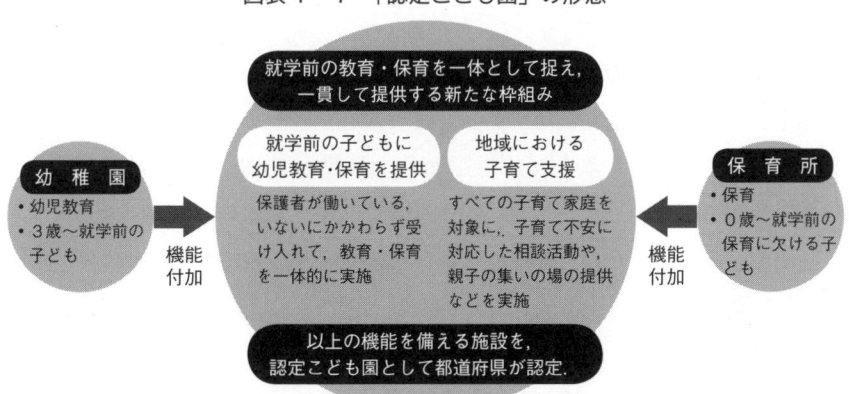

幼稚園		就学前の教育・保育を一体として捉え，一貫して提供する新たな枠組み		保育所
・幼児教育 ・3歳〜就学前の子ども	機能付加 →	就学前の子どもに幼児教育・保育を提供 保護者が働いている，いないにかかわらず受け入れて，教育・保育を一体的に実施	地域における子育て支援 すべての子育て家庭を対象に，子育て不安に対応した相談活動や，親子の集いの場の提供などを実施	← 機能付加	・保育 ・0歳〜就学前の保育に欠ける子ども
		以上の機能を備える施設を，認定こども園として都道府県が認定．		

認定こども園には，地域の実情に応じて次のような多様なタイプが認められることになります．
なお，認定こども園の認定を受けても，幼稚園や保育所等はその位置づけを失うことはありません．

幼保連携型	幼稚園型	保育所型	地域裁量型
認可幼稚園と認可保育所とが連携して，一体的な運営を行うことにより，認定こども園としての機能を果たすタイプ	認可幼稚園が，保育に欠ける子どものための保育時間を確保するなど，保育所的な機能を備えて認定こども園としての機能を果たすタイプ	認可保育所が，保育に欠ける子ども以外の子どもも受け入れるなど，幼稚園的な機能を備えることで認定こども園としての機能を果たすタイプ	幼稚園・保育所いずれの認可もない地域の教育・保育施設が，認定こども園として必要な機能を果たすタイプ

出所）全国保育団体連合会保育研究所『保育白書（2008年版）』ひとなる書房　2008年　p.83　図表1−5B1より作成

○健康,安全で幸福な生活のための基本的な生活習慣や態度を育て,健全な心身の基礎を培う.
○人とのかかわりのなかで,人に対する愛情と信頼感,そして人権を大切にする心を育てるとともに自立と協調の態度および道徳性の芽生えを培う.
○自然などの身近な事象への興味や関心を育て,それらに対する豊かな心情や思考力の芽生えを培う.
○日常生活のなかで,言葉への興味や関心を育て,喜んで話したり,聞いたりする態度や豊かな言葉の感覚を養うようにする.
○多様な体験を通して豊かな感性を育て,創造性を豊かにするようにする.
(文部科学大臣と厚生労働大臣とが協議して定める施設の設備及び運営に関する基準)

5)認定子ども園の状況と今後の課題

　認定子ども園の認定件数は,2008年4月現在,229ヵ所となっている.このうち幼保連携型が最も多く104件,次に幼稚園型が76件,保育所型が35件,地方裁量型が14件となっている(文部科学省・厚生労働省幼保提携推進室).

　法制度が成立した当初,文部科学省と厚生労働省は各都道府県への調査に基づき,申請を800園以上と見込んでいたが,必ずしも計画どおりに推進されているとはいえない.

　認定子ども園の設置については,まだ多くの課題が残されている.

　ひとつめは,国の指針に示された設置基準が,保育・教育の質を確保できるものになっているかということである.現状の設置基準をみると,幼稚園型では3歳以上の幼児を1学級35人で教育することが可能である.しかし,児童福祉施設最低基準では,3歳児で20人,4歳以上では30人に1人の保育士が担当することになっている.実際に保育に従事する人びとは,この最低基準でも十分とは考えていない.子どものそれぞれの発達段階に応じて,環境の整備を行うことが必要であると考える.

　2つめは,保育と生活の連続性をどのように確保するかということである.

幼稚園教育要領，保育所保育指針のいずれも，子どもの成長・発達を見通した一貫した保育・教育を提供することをめざしている．保育所では乳児期からの連続性のある生活と一貫性のある保育をすることで，子どもたちの豊かな成長・発達を保障しようとしている．

しかし，「認定子ども園」では，生活の場としての「保育所」の基準と，教育の場としての「幼稚園」の基準が取り入れられ，生活と教育を分離した保育環境となる可能性がある．また，乳幼児期には，応答的な保育，体験的学習が重要であるといわれているが，3歳以上の子どもたちは，小学校との連携を視野に入れた学級編成となっている．小学校低学年の教育環境を，今後「保育」の場に近づけていく発想も必要となるであろう．

(3) 地域子育て支援事業

出生率低下が社会の大きな課題となっていることについては，すでに第1章でも取り上げた．ここでは，新たに家庭を築く世代になる子育て支援施策の状況とその取組みの課題について，保育所を中心に考えてみたい．

これまでの保育制度は，女性の就労にともなう「保育に欠ける」子どものためのものとしてその基本方針が定められていた．しかし，子育てを取り巻く環境は大きく変化し，現状では，子育ての不安や，孤立感は，仕事をしている親よりも，家庭で子育てをしている母親の方がより強くなっている．このように育児について援助を必要とする家庭の増加は，それにともなうサービスの拡大や多様性の確保が緊急の課題となった．

「エンゼルプラン」（1994年）以降，「子どもと家族を応援する日本」重点戦略（2007年）に到るまでの過程で，保育所は，地域の子育て支援にかかわるさまざまなサービス事業を展開してきた．延長保育や休日保育，待機児童の解消など，働く親のニーズに応じた保育が展開されるようになった．1993年度からは特別保育事業の1つとして「地域子育て支援センター事業」が開始された．事業の内容としては，「地域の子育て家庭の育児不安などに対する相談指

導」「子育てサークルの育成・活動支援，活動内容についての指導援助，地域のサークル相互の連携や情報提供など」「緊急あるいは一時的に保育が必要になった家庭への保育サービスの提供」「子育て家庭への地域の育児支援情報の提供」「家庭的保育への支援」などがある．

その後，少子化社会対策基本法の施行や「子ども・子育て応援プラン」の推進，「子どもと家族を応援する日本」重点戦略（2007年）等を踏まえ，包括的な次世代育成支援の枠組みの構築や利用者の視点に立った点検・評価の方法の構築などが検討された．その結果，2008年に「地域における次世代育成支援対策の推進」「職場における次世代育成支援対策の推進」を主な内容とする児童福祉法等の一部改正が行われた（2008年）．

この改正によって，児童福祉法に基づく事業として，新たに「地域子育て支援拠点事業」「一時預かり事業」「養育支援訪問事業」などが盛り込まれた．

これらの事業は，地域の子育て家庭からの育児支援の要求や，多様な働き方を支える保育サービスの要求など，近年生じている新たな子育て支援ニーズに対応するために，保健・福祉・教育・労働など関係省庁が総合的な少子化対策として法制化したものである．そのため，サービスの実施主体も，ＮＰＯ法人や企業など多様な事業提供者の参入が可能となっている．

「一時預かり事業」は，家庭での保育が一時的に困難になった乳幼児を，主に昼間，保育所その他の場所で，一時的に預かり，必要な保育・保護を行う事業である．

「養育支援訪問事業」は，保護者の養育について支援が必要であると認められた児童，あるいは保護者に監護させることが不適当であると認められる児童とその保護者のもとに出向いて，養育の相談や指導，助言を行う事業である．

「地域子育て支援拠点事業」は，地域の乳幼児とその保護者が相互に交流できるような子育て支援拠点を設置し，子育てに関する情報提供，助言その他の援助を行う事業である．この事業には，保育所等を拠点とした「センター型」，公共施設や空き店舗，民家などを活用した「ひろば型」，児童館を利用した

「児童館型」の3種類がある．これら3つの形態に共通する基本的活動は次の4点である．① 子育てをする親子の交流の場を提供し，交流の促進を図る，② 子育て等に関する相談・援助を行う，③ 地域の子育て関連の情報提供を行う，④ 子育ておよび子育て支援に関する講習等を実施する．

また，それぞれの活動の特徴は次のようになっている．「センター型」は子育て全般に関する専門的な支援を行う拠点としての機能と地域支援活動が期待されており，保育所などがその専門的機能を活かして事業を展開している．「児童館型」は，児童館で一定の時間，つどいの場を設け，地域の子育て支援の取り組みを行うものである．地域の学齢児童が来館する前の時間帯を利用して支援が行われることが期待されている．「ひろば型」は，気軽に集い，打ち解けた雰囲気のなかで語り合える交流の場として開設される．子育ての当事者である母親たちが，自主的な子育てサークルを立ち上げ，地域のなかに自らが求める子育て環境を創造するなど，親と子がともに成長する場として期待されている．

(4) 子育て支援の課題

保育と子育て支援のなかで，最も大切にされなければならないのは，「子どもの最善の利益」を守る内容になっているかということである．

子どもが地域のなかで豊かな人間関係を形成していくためには，家庭を基盤とした生活が安定したものでなければならない．おとなが，自らの尊厳を確信できる生活環境は，子どもにとっても安定した生活基盤となるものであり，心身ともに健やかに成長できる生活環境となるといえる．つまり，子どもの発達する権利と親の労働権を対立的にみるのではなく，家庭のなかで，子どももおとなも生活権を保障される視点にたって，子育て支援施策等が推進される必要があるということである．

したがって，子育て支援の体制は，さまざまな事業を整備して保護者のニーズの多様化に応えることも重要であるが，子どもがどのような生活を望んでい

るのか、そのニーズに応えるものにしていくという観点が重要となる。そのため、子育て支援事業の設置基準やそこで働く専門職員の資質などには、子どもの生活環境確保に必要な水準を確立していくことも重要である。

3. 養護問題と子ども家庭福祉

●キーワード●
社会的養護・自立支援・アセスメント

（1）子どもの権利と養護問題

　児童の権利に関する条約では、子どもは「その人格の完全なかつ調和のとれた発達のため、家庭環境の下で幸福、愛情及び理解のある雰囲気の中で成長すべき」（前文）と述べている。さらに「できる限り父母を知りかつその父母によって養育される権利を有する」（第7条），「児童がその父母の意思に反してその父母から分離されないことを確保する」（第9条）と明記されている。すなわち、子どもの健全な成長を支えるためには、健全な家庭と親による養育が必要であり、それらが保障されることは子どもの権利である。しかし、現代社会ではさまざまな要因により家族自体が有していた力が弱まり、問題が深刻化しやすくなっている。さらに地域社会の家族を支える機能も弱くなっている。家族の病気や入院，失業や離婚といった生活上の問題発生が、子どもの育ちに必要な安定した家庭環境をそこない、子どもの養育困難に結びつくことがある。なかでも児童虐待は、現在最も深刻な養護問題の発生原因になっている。

　養護問題が発生した場合には、子どもは社会的養護すなわち、社会による家庭養育の支援・補完・代替の諸サービスを利用できる。児童の権利に関する条約では、「親による虐待・放任・搾取からの保護」（第19条），「家庭環境を奪われた子どもの養護」（第20条），「養子縁組」（第21条）などが子どもの権利として承認されている。家庭的環境の下での養育と並び、社会的養護も子どもの権

利である．

（2）児童虐待と子どもの養護
1）児童虐待の現状と背景

　児童虐待は，子どもの心身の成長および人格の形成に重大な影響を与えるとともに，次の世代に引き継がれるおそれもあり，子どもに対するもっとも重大な権利侵害である．児童虐待は，図表4—8にみるように，統計を取り始めた1990年以降，一貫して増加し続けている．

　厚生労働省の「平成19年度社会福祉行政報告例」（2008年）によると，児童相談所が対応した養護相談のうち「児童虐待相談の対応件数」は40,639件で，前年度に比べ3,316件（前年度比8.9％）増加している．これを相談種別にみると，「身体的虐待」が16,296件と最も多く，次いで「保護の怠慢・拒否（ネグレクト）」が15,429件となっている．また，主な虐待者別にみると「実母」が62.4％と最も多く，次いで「実父」22.6％となっている．さらに，被虐待者の年齢別にみると「小学生」が15,499件，「3歳～学齢前」が9,727件，「0～3歳未満」が7,422件となっている．

　児童虐待は，特別な家庭に起こる特別な問題ではない．現代の育児環境そのものに虐待が起こる原因が潜んでいることを理解する必要がある．親の育児経験の少なさや，母親に対する過剰な期待や役割の押しつけ，育児情報の氾濫，育児支援の乏しさのなかで，育児不安や育児ストレスがつのりやすくなっており，些細なことが引き金となって虐待行為が始まりかねない．こうした一般的な虐待を生みやすい土壌の中にあって，児童虐待が生じる家族には，経済，就労，夫婦関係，住居，近隣関係，医療的課題，子どもの特性等々，実に多様な問題が複合，連鎖的に作用し，構造的背景をともなっていることが多い．よって児童虐待に対しては，単なる一時的な助言や注意，あるいは経過観察だけでは改善が望みにくい．そのため，家族全体としての問題やメカニズムの把握の視点と，トータルな援助が必要不可欠である．

2）被虐待児の保護とケア

虐待の子どもへの影響としては，死亡，頭蓋内出血・骨折・火傷などによる身体的障害，暴力を受けた体験からトラウマ（心的外傷後遺症）などがある．さらにそこから派生するさまざまな精神症状（不安，情緒不安定），栄養・感覚刺激の不足による発育障害や発達遅滞，安定した愛着関係を経験できないことによる対人関係障害（緊張，乱暴，ひきこもり），自尊心の欠如（低い自己評価）等があげられる．いずれも，心身の育ちに長期にわたり悪影響を及ぼす可能性がある．

したがって，虐待を受けている子どもは，すみやかに保護されるだけでなく，心理的治療も含めた適切なケアが必要となる．児童養護施設・乳児院などでは，1999（平成11）年から心理療法担当職員の配置が，また2001（平成13）年からは，とくに虐待を受けた子どもに個別ケアを行う「被虐待児個別対応職員」が配置されている．

3）発生予防と早期発見

児童虐待は，本来，もっとも安心できるはずの家庭で，最も愛してくれるはずの保護者による行為である．児童虐待は，おきてはならない問題であるとい

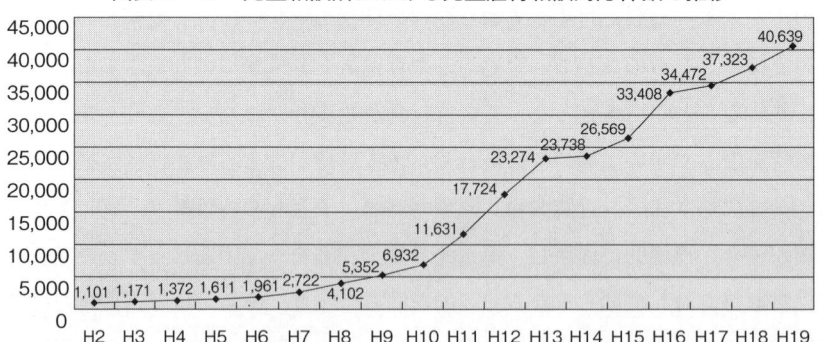

図表4—8　児童相談所における児童虐待相談対応件数の推移

年度	件数
H2	1,101
H3	1,171
H4	1,372
H5	1,611
H6	1,961
H7	2,722
H8	4,102
H9	5,352
H10	6,932
H11	11,631
H12	17,724
H13	23,274
H14	23,738
H15	26,569
H16	33,408
H17	34,472
H18	37,323
H19	40,639

出所）雇用均等・児童家庭局総務課虐待防止対策室「児童虐待の現状とこれに対する取組」2008年

う認識にたち，子どもを傷つけることなく，その健全な成長・発達を確保するための発生予防の取り組みが重要となる．

児童虐待はだれにでも起こりうるという認識の下，子育て支援サービスを充実させることと，児童虐待が発生しやすい要因（リスク要因）をより多くもつ子どもと保護者に対する支援の充実の2方向が大切である．保護者側のリスク要因には，望まない妊娠，若年での妊娠，精神障害やアルコール依存，親族や地域社会からの孤立，生計者の失業などの経済的不安等があげられる．子どもの側のリスク要因としては，未熟児，障害児，発達障害などの育てにくさをもった子ども等である．

また，児童虐待はできるだけ早期に発見されることも重要である．児童虐待の防止等に関する法律では，第5条で，学校の教職員，児童福祉施設の職員，医師，保健婦，弁護士，その他児童の福祉に職務上関係のある者は，児童虐待を発見しやすい立場にあることを自覚し，児童虐待の早期発見に努めなければならないと規定している．また第6条では，児童虐待を受けたと思われる児童を発見したものに対し，速やかな通告を求めている（通告先は，市町村，都道府県の設置する福祉事務所，もしくは児童相談所等）．

（3）養護問題への基本視点
1）家族再統合

養護問題が発生した場合，必要に応じて子どもを保護者から一時的に引き離すことがあるが，再び子どもとともに生活できるようになる（家族再統合）ことが，子どもの福祉にとって最も望ましい．そのため，2004年度から児童養護施設等に，家族再統合をめざし，関係機関との連携や子どもの支援だけでなく，家族への支援や連絡調整を行う「家庭支援専門相談員（ファミリーソーシャルワーカー）」が配置されている．

しかしながら，深刻な虐待事例の中には，子どもが再び保護者と生活をともにすることが，子どもの福祉にとって必ずしも望ましいとは考えられない事例

もある．また，再統合後，虐待が再発する可能性もあるため，再統合にふさわしい時期の判断とあわせ，家族への支援や指導，フォローアップや地域における見守りや支援の体制などの条件整備が欠かせない．関係機関には慎重な判断と総合的・継続的な支援が求められる．

2）子どもの自立支援

家庭とともにあるいは家庭に代わり，子どもを育ててゆく社会的養護においては，子どもを単に保護，養育の対象としてとらえるのではなく，その人格と主体性を尊重しつつ，調和のとれた成長発達を援助し，子どもの自立を支援するという考え方が重要である．

自立支援の理念は，厚生省児童家庭局家庭福祉課監修の「児童自立支援ハンドブック」に，次のようにまとめられている．

「児童の自立を支援していくとは，一人ひとりの児童が個性豊かでたくましく，思いやりのある人間として成長し，健全な社会人として自立した社会生活を営んでいけるよう，自主性や自発性，自ら判断し，決定する力を育て，児童の特性と能力に応じて基本的生活習慣や社会生活技術（ソーシャルスキル），就労習慣と社会規範を身につけ，総合的な生活力が習得できるよう支援していくことである．もちろん，自立は社会的生活を主体的に営んでゆくことであって，孤立ではないから，必要な場合に他者や社会に助言，援助を求めることを排除するものではない．むしろそうした適切な依存は社会的自立の前提となるものである．そのためにも，発達期における充分な依存体験によって人間への基本的信頼感を育むことが，児童の自立を支援する上で基本的に重要であることを忘れてはならない[1]」．

3）家庭的環境の保障

先に述べたように，子どもは家庭的環境の下で養育を受ける基本的権利を有している．理解と愛情にみちた大人のまなざし，子どもと緊密な愛着関係を結

べるための適切な養育者との継続的な関係が保障された家庭的な環境が保障されることが，子どもの育ちと自立の支援のために必要である．2007（平成19）年の「社会的養護体制の充実を図るための方策について」（社会保障審議会児童部会社会的養護専門委員会報告書）においても，家庭的な環境の下での養育の重要性について述べるとともに，「現行の社会的養護体制においては，最も家庭的な環境のもとで養育を行っている里親への委託率が増加していない．また，施設内においても，個別的なケアや一定の安定した人間関係の下での養育を基本とすべき」と指摘されている．

要養護児童が家庭の代わりに入所する施設では，日常生活の中で個別的なケアが行えるように，小舎制の導入やユニットケア（グループごとに食堂・談話スペースなどを備えた小単位によるケア），グループホームの導入などが進められてきている．また，2008（平成20）年の児童福祉法改正により，養育者の住居で要保護児童を養育する小規模住居型児童養育事業（ファミリーホーム）が制度化された．

（4）養護問題への対応
1）在宅援助

養護問題が発生しても，各種の子育て支援事業を有効に活用しながら，在宅のまま家庭生活を継続することも可能である．地域で虐待ケースを支援する際には，児童福祉法第25条の2に定められた要保護児童対策地域協議会の設置と活用が不可欠である．

要保護児童対策地域協議会は，関係機関，関係団体および児童の福祉に関連する職務に従事するものなどによって構成される．具体的には，児童相談所や社会福祉事務所，学校，保育所，保健センター，地域生活支援センターとそこで働く専門職および地域の民生委員・児童委員らがあげられる．協議会では，必要な情報の交換を行うとともに，要保護児童とその家族に関する支援の内容に関する協議を行う．以下は，協議会を活用して支援を行っている事例であ

る．

【事例】要保護児童対策地域協議会による支援ケース
　S家は，両親と6歳のTくんをはじめとする3人の子どもの一家である．現在，母親は妊娠中である．父親は仕事が忙しく，土日も働いており，家庭や子育てにはほとんど関心がないようだ．
　子どもたちは冬でも薄い夏服を着ていたり，髪がぼさぼさで不潔な印象があるため，適切な養育を受けていないのではないかと，近隣でうわさされていた．夜中に子どもたちだけで外をうろついていて，警察に保護されたことをきっかけに，児童相談所へ民生委員から虐待（ネグレクト）の疑いありとの通告がされた．児童相談所での協議の結果，ネグレクト傾向以外の虐待の兆候は見られないこと，子どもたちが母親を慕っていること，Tくんが小学校就学を控えており，継続した生活環境の中で就学を迎えることがTくんのために望ましいことから，要保護児童対策地域協議会により見守りと支援を行うこととなった．
　S家ケースでの要保護児童対策地域協議会は，保育士・主任児童委員・民生委員・保健師・児童福祉司がメンバーであり，産婦人科医院の医者や助産師も必要に応じ，協議に加わった．母親が妊娠中であるため，3人の子どもは保育所に入所することができた．保育士たちは保育所生活を楽しむ子どもたちの姿を積極的に母親に伝えながら，母親の話を聞くことを心がけた．主任児童委員や保健師の家庭訪問，助産師による妊婦健診時の個別指導も重ねられた．こうした支援を受けることにより，母親の育児態度にも改善のきざしが見られ始めている．本ケースでは，日々，子どもの様子の把握とともに，母親に働きかけを行うことができる保育所が大きな役割を果たした．

2）里親養育

　里親とは，児童福祉法第6条の3に，保護者のない児童または保護者に監護

させることが不適当であると認められる児童（要保護児童）を養育することを希望する者で，都道府県知事または政令指定都市の市長が適当と認めるものと定義されている．里親希望者は，必要な研修受講を経た上で児童福祉審議会への諮問を経て登録される．児童の養育の委託を受けると，里親手当が支給される．養育の方法などについては省令に最低基準の定めがある．

　2008（平成20）年の児童福祉法改正により，里親は，制度上は養育里親と親族里親により構成されることとなった．養育里親には，養育里親と専門里親がある．養育里親は，要保護児童の養育を行政から委託され，最大で児童が20歳になるまでの間養育を行なう．専門里親は，児童虐待等により心身に有害な影響を受けた児童，知的障害を持つ児童，非行傾向を持つ児童などを預かることができる．

　親族里親は両親が死亡・行方不明等で児童を養育できないときに，児童の3親等以内の者が代わって養育する場合の制度である．

　また，これまで養育里親と区別されていなかった養子縁組によって養親となることを希望する里親は，養育里親とは区分され，登録名簿も別立てされることとなった．

　里親による養育は施設での養護と並んで社会的養護の主要な柱であるが，図表4―9にみるように，日本の里親制度は国際的に見ても圧倒的に委託率が低い．要養護児童の家庭的環境保障のために里親養育の充実・活用がめざされている．新しい制度の下，養育里親を増やすための努力が求められている．

3）施設養護

　要養護児童が利用できる主な児童福祉施設は乳児院と児童養護施設である．

　乳児院の目的は児童福祉法第37条に，乳児を入院させてこれを養育し，あわせて退院した者について相談その他の援助を行うことと定められている．1歳未満の乳児を主に養育するが，必要がある場合には小学校入学以前の幼児も養育することができる．一方，児童養護施設は児童福祉法第41条に，保護者

のない児童，虐待されている児童，その他養護を要する児童を入所させて，これを養護し，あわせて退所した者に対する相談その他の自立のための援助を行うことを目的として定められている．

両施設とも，地域の子育て家庭に果たす役割や機能を広げつつある．乳児院では，「子育て支援センター・乳幼児ホーム」を構想し，低出生体重児や，病虚弱な乳幼児に対しての専門的な援助を行うことや，各種の育児相談や援助，デイサービスの提供を検討している．児童養護施設では，地域の子どもを，一時的に預かる子育て支援短期利用事業（ショートステイ，トワイライトステイ）や，ひきこもり・不登校児童に対する援助，児童館の運営など子どもの健全育成をはかる取り組み，さらに児童家庭支援センターを設置して，子育てに関するさまざまな不安や疑問を抱える家族への相談・援助などの取り組みが進みつつある．こうした意欲的な取り組みを進めるためにも，乳児院と児童養護施設にかかわる最低基準の抜本的な改正による職員配置の改善，小規模ケアの実現，職員の研修体制の充実によるケアの質の向上が求められる．

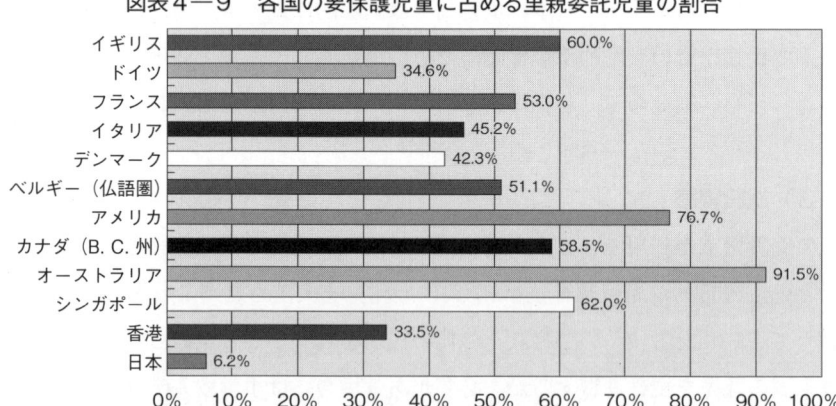

図表4－9　各国の要保護児童に占める里親委託児童の割合

国	割合
イギリス	60.0%
ドイツ	34.6%
フランス	53.0%
イタリア	45.2%
デンマーク	42.3%
ベルギー（仏語圏）	51.1%
アメリカ	76.7%
カナダ（B. C. 州）	58.5%
オーストラリア	91.5%
シンガポール	62.0%
香港	33.5%
日本	6.2%

出所）湯沢雍彦『里親制度の国際比較』ミネルヴァ書房　2004年

4）アセスメントと自立支援計画

アセスメントとは，子どもの自立支援を行ってゆくために，一人一人の子どもの心身の発達と健康の状態およびそのおかれた環境を的確に実態把握・評価することである．2004（平成16）年度の児童福祉法改正とそれにともなう児童福祉施設最低基準の改正により，児童福祉施設には自立支援計画の策定が義務づけられた．適切な自立支援計画の策定のためには，子どもの置かれている状況を踏まえ，子どもの心身の発達と健康の状況，および子どもを取り巻く家庭・教育・児童福祉諸機関，近隣の養育力や子どもを中心とした相互の連携状況について，総合的にかつ的確にアセスメントすることが求められる．

とくに，昨今，虐待を受けた結果，専門的対応が求められているケースや成育歴等にも複雑な背景をもったケースが多くなってきていることから，児童相談所や児童福祉施設においては，子どもやその家族に対してのアセスメント指標の明確化と自立支援計画の策定や支援における質の向上が求められている．

4．ひとり親家庭と子ども家庭福祉

●キーワード●

ひとり親家庭　児童扶養手当　自立支援

（1）ひとり親家庭の福祉対策のあゆみ

1880（明治13）年，長崎の五島列島に，パリ外国宣教会の神父らによって「大泊子供部屋」が要保護乳幼児の教育を目的として設立された．その際，「孤貧児とその母」を付設施設で保護したとあるのが[2]，わが国における母子寮（現母子生活支援施設）の萌芽と思われる．その後，大正時代には，大阪市の保育所・泉尾愛児園に付設して「泉尾節婦館」（1918（大正7）年）が設けられたり，東京市・鮫ヶ崎のスラム地域の「二葉保育園」に「二葉保育園母の家」が開設（1922（大正11）年）されるなどの取り組みがみられている．

やがて，世界大恐慌（1929（昭和4）年）後の社会不安のなか，1932（昭和7）年に施行された「救護法」により，「妊産婦」と「1歳未満の幼児哺育の母」「13歳以下の幼者」を対象として，法律上に母子の保護が位置づけられた．

1938（昭和13）年,「母子保護法」が施行された．法が成立した前年は，日中戦争が始まった年であり，この法律の背景には男子に安心して戦場へ出征してもらうという戦時体制下の国家の意図があった．保護の内容は，13歳以下の子をもつ母子家庭に対して生活扶助，養育扶助，生業扶助，医療扶助を行うというものであった．戦前におけるひとり親家庭の対策はまず，貧困状態にある母子の施設への保護から始まり，やがて戦争未亡人対策として展開していった．

第2次世界大戦後ただちに，戦争で夫や家を失うという切実な状況下にある母子に対して,「母子福祉対策要綱」（1949〈昭和24〉年),「母子福祉資金の貸付等に関する法律」（1952〈昭和27〉年）などの対策が開始された．

やがて高度経済成長の時代に入り，ひとり親家庭になった理由は「死別」から，離婚を主な理由とする「生別」が増加してゆく．1964（昭和39）年に「母子福祉法」が施行され，同法は1981（昭和56）年,「母子及び寡婦福祉法」へ改正された.「20歳未満の子供を持つ」母子世帯,「配偶者のない女子であって，かつて配偶者のいない女子として児童を扶養していたことのある」寡婦への施策がつくられていった．

核家族化の進展のなかで，ひとり親家庭を支える親族ネットワークが希薄化し，社会による支援対策の必要性が増している．また現在では，失業や借金などの経済・就労課題に加え，親のドメスティック・バイオレンス（DV）被害や子どもの虐待，外国人の母子の問題など，多様な問題が重なってきている．子ども自身と家族の生活安定と福祉の向上の立場から，対策の充実が求められている．

（２）現代のひとり親家庭問題

１）ひとり親家庭の増加

ひとり親家庭とは，「母親または父親のどちらかと満 20 歳未満の子どもからなる家庭」である．「『単身』と『単親』との混同を避けるため 1985 年の東京都単親家庭検討委員会の提言で『ひとり親家庭』の用語が用いられたという．[3]」かつて，ひとり親家庭は「片親家庭・単親家庭」，「欠損家庭」などとよばれていた．現在，家族形態は多様化し，よび方も家族構成によって「ひとり親家庭」，「母子家庭」，「父子家庭」となっている．

2005（平成 17）年国勢調査（総務省）によると，母子世帯は 75 万世帯（一般世帯 4,906 万世帯の 1.5％）で，2000（平成 12）年と比べ 12 万世帯（19.7％）増となっている．そのうち，離別が約 62 万世帯で母子世帯の 83.0％を占めている．一方，父子世帯は約 9 万世帯（一般世帯の 0.2％）で，平成 12 年の調査と比べ 0.5 万世帯（5.6％）増となっており，そのうち離別が約 7 万世帯で父子世帯の 76.6％を占めている（図表 4−10 参照）．離別によるひとり親家庭の増加は，離婚の増加による．厚生労働省の「人口動態統計」からも，離婚件数は，近年減少傾向とはいえ，高水準で推移している．（図表 4−11 参照）．離婚件数のうち，6 割弱は子どものいる世帯での離婚である．

憲法 24 条では「婚姻は，両性の合意のみに基いて成立し，夫婦が同等の権利を有することを基本として，相互の協力により，維持されなければならない」とある．また同 13 条では幸福追求権が定められている．何らかの事情で婚姻関係の維持が困難になり，離婚を選択しても，その親と子の幸福の追求は権利として保障されなければならない．

２）母子家庭の生活困難

2007（平成 19）年の国民生活基礎調査によると，母子世帯の平均所得金額は，236 万 7 千円であり，子どものいる世帯の平均所得金額 701 万 2 千円や高齢者世帯の平均所得金額 306 万 3 千円に比べ，大変低い水準となっている．

図表4—10　主な配偶関係別母子・父子世帯－全国（平成12，17年）

配偶関係		世帯数（千世帯）		割　合（％）		増減率（％）
		2005年	2000年	2005年	2000年	2000～2005年
母子世帯	総数1)	749	626	100.0	100.0	19.7
	離　別	622	507	83.0	81.1	22.6
	死　別	70	80	9.4	12.8	-12.6
父子世帯	総数1)	92	87	100.0	100.0	5.6
	離　別	71	63	76.6	72.3	12.0
	死　別	20	23	21.3	26.5	-15.0

1)「未婚」を含む．
出所）総務省統計局「平成17年度国勢調査」

　離婚により母子家庭になった場合，離婚を機に転居する割合が高く，持ち家率が低い，養育する子どもが幼い等の傾向がある．また，結婚や出産を契機に離職している母が多い．離婚後，子どもとの生活の再建に取り組む場合は，住居の確保や，就職活動等の困難な課題に直面する．このため，母子世帯の暮らし向きについての意識は「大変苦しい」(48.8％)，「やや苦しい」(40.7％)と9割近い母子家庭が生活困難を感じている．2008年の「あしなが育英会」による「遺児母子家庭緊急アンケート調査」では，苦しい生活の影響は，「進学予定の子どもに就職をするよう説得」や「公立に合格しなければ高校進学はあきらめる」など，子どもの進路にまで及んでいる実態が報告されている．

　母子世帯の母親の84.5％は就業しており，就業していない母も78％が就職を希望している（厚生労働省「全国母子世帯等調査」2006年）．母子家庭の母は就労意欲も高く，実際に就労している者が多いにもかかわらず，収入が低い現状がある．その背景には，賃金の男女格差や，結婚や子育てによる女性の就労中断と子どもを抱えての再就職のむずかしさといった，子育てと就労の両立困難，非正規雇用の広がりによる低賃金，不安定就労などといったわが国の労働環境の構造的な問題がある．

　OECDが「対日経済審査報告書2006」において，「日本では無職のひとり親よりも就労中のひとり親における貧困率のほうが高い」，「ひとり親における著

第4章 子どもと家庭の問題と福祉の展開　111

図表4—11　離婚件数および離婚率の年次推移

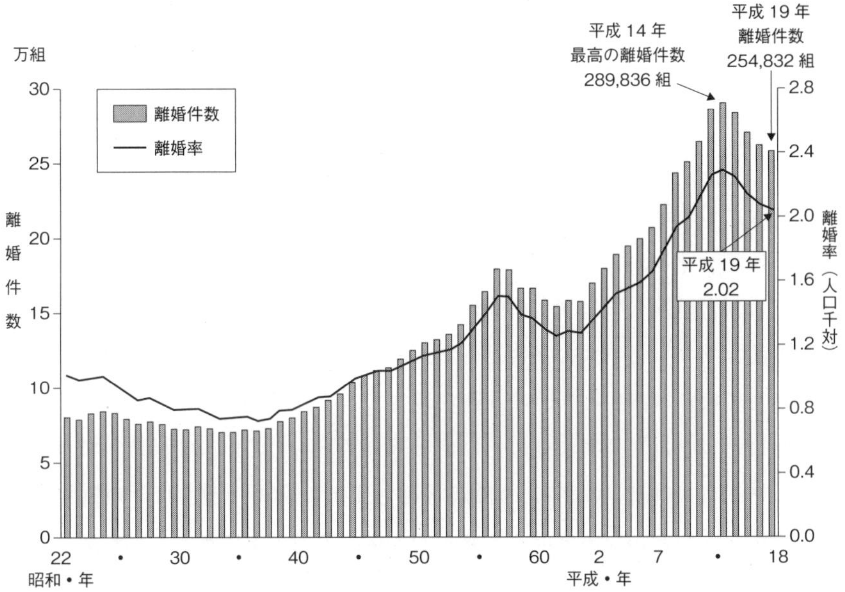

出所）厚生労働省「人口動態統計」

しい貧困が要因となり，2000年の児童の貧困率はOECD平均を大きく上回る14％に上昇した」と指摘しているように，現代日本の格差や貧困の問題は，ひとり親家庭，なかでも母子世帯に集約的に現れている．

3）父子家庭の抱える悩み

父子家庭の父は，結婚・子育てによる勤務の中断も少なく，正規雇用率も高く，経済的な困難も「母子家庭」と比べて低い．しかしながら，平均年収は421万円（厚生労働省「母子世帯等調査」2006年）と，一般家庭の平均年収よりは低額となっている．あわせて，今日の核家族化の進展や都市化にともなう地域の人間関係の希薄化など，子育て環境が変化するなかに父子家庭がおかれている状況から，子どもの養育，家事など生活面での支援がより必要になる．厚生労働省の2006（平成18）年度「全国母子世帯等調査」では，ひとり親等の困っ

ていることは，母子世帯の場合，「家計」が46.3%，「仕事」が18.1%，「住居」が12.8%となっているが，父子家庭の場合，「家計」が40.0%，「家事」が27.4%，「仕事」が12.6%となっており，母子世帯との悩みの違いがみられる．父子家庭の実情に応じた支援サービスの開発と提供が求められる．

4）ひとり親家庭と国籍・戸籍の問題

　日本の国籍法は，「出生地主義」でなく，「血統主義」をとっているため，日本人の母親と外国人の父親との間に生まれた子どもは，無条件で日本国籍の取得が可能であり，日本人の父親と外国人の母親の子どもは，生まれる前に父親が認知していれば出生と同時に国籍を取得できる．しかし，出生後に日本人父が認知した場合は，両親が結婚しないかぎり子どもの日本国籍は取得できなかった．そのため未婚の外国人の母親と暮らす無国籍の子どもは，戸籍や住民票，健康保険などがないという，基本的人権の保障の上で重大な不利益を被っていた．

　2008年6月に日本人の父親とフィリピン人の母親との間に生まれた子ども10人に日本国籍を認める最高裁判決が下された．この判決は，従来の国籍法の規定が憲法14条の「法の下の平等」原則に反するという違憲判断をするとともに，「児童が出生によっていかなる差別も受けない」という国際人権B規約や児童の権利に関する条約を根拠としている．判決を受け，国籍法が2008年12月に改正され，父母の「婚姻要件」が削除され，日本人の父親から出生後に認知されれば，日本国籍が取得できることとなった．

（3）ひとり親家庭のための対策
1）「母子家庭等自立支援対策大綱」

　離別母子家庭の増加に比例して，児童扶養手当受給者が増えている．これに対して国は，「母子家庭等自立支援対策大綱」（2002年3月）を策定し，戦後50年以上の歴史をもつ母子寡婦福祉対策を根本的に見直し，給付から自立支援へ

の改革を進めることとした．これをうけ，より身近な市や町での相談体制の確立や，就業支援のための新たな給付金制度の創設など，自立支援の基盤づくりを柱とする母子及び寡婦福祉法をはじめとした関連法の改正が行われた（2002（平成14）年3月）．

2）生活支援

① 母子家庭等日常生活支援事業

母子，寡婦，父子家庭であって家族の病気，技能習得や就職活動，冠婚葬祭などで一時的に生活援助や保育サービスなどが必要な場合，家庭生活支援員を派遣し家事や子どもの世話などを支援する．

② 住宅の確保等

離婚にともなう転居を支援するために公営住宅への優先入居をすすめる．また，保育所へも優先的に入所できる．

③ 子育て支援短期利用事業

児童養護施設や母子生活支援施設等におけるショートステイ，トワイライトステイの利用をすすめる．

④ ひとり親家庭支援事業

生活支援等講習会，健康支援，土日・夜間電話相談，児童訪問援助（大学生によるホームフレンド派遣），ひとり親家庭情報交換などの取り組みにより，ひとり親家庭への支援をすすめる．

3）経済的支援

① 遺族年金

死別母子家庭には，国民年金から遺族基礎年金が，厚生年金からは遺族厚生年金が支給される．

② 児童扶養手当

児童扶養手当は，児童扶養手当法に基づき，父母の離婚などにより，父ある

いは母と生活を共にしていない児童を養育している家庭の生活の安定と自立を助け，児童の福祉の増進を図ることを目的として，母子家庭または父子家庭の子育てを支援するための給付制度である．

受給資格者は，父母の離婚などにより，父あるいは母と生活を共にしていない児童（満18歳に達する日以後，最初の3月までの児童）を養育しているもので，所得制限が設けられている．

2002（平成14）年に児童扶養手当法の改正が行われた．離婚直後の一定期間に重点的に給付することにより，離婚等による生活の激変を一定の期間，緩和しつつ，母子家庭の自立を促進する制度に改める必要があるとして，3歳未満の児童を監護している場合や障害を有する場合など自立が困難な母子家庭に配慮しながら，手当の支給が5年間（または支給要件に該当して7年間）を経過したときは，手当額を最大半額まで減額する措置が決められた．しかし，この措置には批判が強く，減額はいったん凍結され，就労意欲のみられないものに限り減額することになった．

このほか，2002年の法改正では，支給事務は都道府県から市および福祉事務所設置町村に移譲されている．さらに，所得制限額の見直しが実施され，所得に応じて細かに支給額が算出されることとなった．

③ 母子福祉資金貸付，寡婦福祉資金貸付制度

母子家庭および寡婦福祉法に基づき，母子家庭の経済的自立を促進するため各種資金を貸し付けている．貸付金の種類は以下のとおりである．

事業開始資金，事業継続資金，修学資金，技能習得資金，修業資金，就職支度資金，生活資金，医療介護資金，住宅資金，転宅資金，結婚資金，就学支度資金．児童扶養資金

④ 養育費の確保

離婚母子家庭のうち，養育費の取り決めをしている世帯は38.8％にとどまっている．養育費の取り決めをしていない理由としては，「相手に支払う意思や能力がないと思った」（47％），「相手とかかわりたくない」（23.7％）などと

なっている．また，養育費の受給状況については「現在も受給している」(19%)，「受けたことがある」(16%)，「受けたことがない」(59.1%) となっている (厚生労働省「全国母子世帯等調査」2006 年).

離婚により別居しても，子どもへの養育責任は維持されるべきであることから，2002（平成14）年の母子及び寡婦福祉法の改正により，児童を監護しない親は養育費を支払うよう努めること等が規定された．また，民事執行法の改正 (2003（平成15）年) では，養育費の支払い不履行の場合には強制的執行も可能となっている．

子どもの養育に関する法的義務について周知し，養育費の取り決め書の作成を促すために「養育費に関するリーフレット」等が作成されている．また，母子家庭等就業・自立支援センターでは，養育費の問題に関し弁護士等による特別相談を実施するとともに，養育費に関する専門知識を有する相談員が配置されている．さらに，2007（平成19）年度に「養育費相談支援センター」が創設され，養育費に関する情報提供を行うとともに，母子家庭等就業・自立支援センター等での相談支援や研修などを行っている．

4）母子生活支援施設

母子生活支援施設は，児童福祉法第38条において，「配偶者のない女子又はこれに準ずる事情にある女子及びその者の監護すべき児童を入所させて，これらの者を保護するとともに，これらの者の自立の促進のためにその生活を支援し，あわせて退所した者について相談その他の援助を行うことを目的とする施設とする」と目的が定められている．入所型の児童福祉施設において唯一，母子ともに利用できる施設である．

1998（平成10）年の児童福祉法改正により，「母子寮」から「母子生活支援施設」に改称された．同時に目的も，「自立の促進」として，「保護する」から「保護するとともに，生活を支援する」へと改正された．さらに2004（平成16）年の児童福祉法改正では，「退所した者について相談及びその他の援助を行う

ことを目的とする」と規定され，支援の対象者は退所者にまで拡大した．さらに，地域で生活する母子への子育て相談・支援や，保育機能の強化，小規模分園型（サテライト型）施設の設置運営など，母子生活支援施設の機能強化がすすめられている．

母子生活支援施設に新規入所する母子の入所理由の半数は「夫からの暴力」である．DV から逃れて入所してきた母子のために，心理担当職員が配置されている．また，母子生活支援施設は「配偶者からの暴力の防止及び被害者の保護に関する法律」による一時保護施設としても重要な役割を果たしており，DV 被害者の保護から自立支援までの支援を一貫して担っている．

5）相談事業・就労支援

母子世帯の母に対する就業支援を積極的に実施するため，各種の母子家庭自立支援給付金が活用できる．給付の種類と内容は以下のとおりである．

① 常用雇用転換奨励給付金

母子家庭の母親の求職活動の促進とその職業生活の安定を図るため，対象女性またはパートで働いている親に職業訓練を行い，その後 6 ヵ月以上雇用した事業主に支給される．

② 自立支援教育訓練給付金

母子家庭の母親の知識および技能の習得を容易にするため，都道府県の指定教育訓練講座を受けて修了した場合に支給を受けることができる．

③ 高等職業訓練促進給付金

看護師や保育士等の資格を取得するため，養成機関において 2 年以上修業する場合に支給を受けることができる．

④ 高等職業訓練修了支援給付金

看護師や保育士等の養成機関において，2 年以上の課程を修了した母子家庭の母親に対し支給される．

地方自治体に配置されている母子自立支援員は，母子家庭の相談にあたり，1人ひとりの状況に応じた自立支援プログラムを策定する．以下の事例にみるように，プログラムの策定にあたっては，各種の支援制度を積極的に活用することが重要である．

【事例】 母子自立支援員と自立支援プログラムによる支援事例

Aさん（23歳）は妊娠をきっかけに22歳で結婚したが，夫は生活費を渡さず，暴力を振るうようになったため，生後10ヵ月の乳児を連れて離婚に踏み切った．高校時代のアルバイトから結婚前までの貯金も前夫の借金の清算，子どもの分娩費用や生活費などで底をつき，Aさんは虚脱感をかかえたまま相談に訪れた．

母子自立支援員は，「高校時代から貯金ができていたしっかり者のあなたなら立ち直れる」とAさんを励ましながら，Aさんが早期に就労自立できるための支援プログラムを作成した．まず，就労に有利になるように，自立支援教育訓練給付金を活用しながらOA実務の職業訓練を受けることとした．職業訓練や求職活動中の子どもの保育は日常生活支援事業を利用した．職業訓練と並行して求人情報の提供も行った．こうした支援のなかでAさんは就労意欲を高くもってパソコンスキルの習得と求職活動に取り組み，正社員として採用された．保育所への子どもの入所も決まり，Aさんの離婚後の新生活は順調に営まれている．

（4）ひとり親家庭対策の課題

最優先の課題は，母子家庭の貧困問題への対応である．とくに貧困が子どもの学習や進路選択に影響を及ぼさないように，修学支援や奨学金など，子どもの学習機会均等のためのしくみの創設が検討されなければならない．

近年，ひとり親家庭への対策は，就労支援を核にした自立支援へと，対策の目標が明確に示されている．就労先の確保・開拓とあわせて，生計と子育てを

1人で担うひとり親家庭の親が就労と子育てを安定的に両立させるためには，保育の充実や企業社会の子育て家庭への理解と配慮が進むことが必要である．

また，父役割と母役割を1人で担うひとり親家庭の子育てをサポートする地域の教育力や，ひとり親家庭をめぐる周囲のネットワークの再構築も重要である．

これらはひとり親家庭のみの課題ではない．すべての子どもの健全育成と，そのための基盤である家庭がその役割を発揮するために求められる課題である．愛情と信頼による家族の絆を優先する現代家族の価値観は，一方で離婚の増加を生んだ．もはやひとり親家庭は「特別」な家庭ではないにもかかわらず，現代社会の諸矛盾はひとり親家庭に特別の困難を強いているといえよう．どのような形態の家庭であっても，また，家族にどのような変動が起ころうとも，子どもの育ちと家庭の機能が確保される社会の在り方が問われている．ひとり親家庭への対策強化を通じ，すべての家庭の基盤の強化と子どもの育ちの保障をめざすことはいうまでもない．

5．障害をもつ子どもと子ども家庭福祉

●キーワード●

ノーマライゼーション・発達障害者支援法・自立支援障害・障害者自立支援法・発達障害

（1）障害をもつ子どもの権利
1）「障害」について

「しょうがい」の表記は，関係法では「障害」となっているが，必ずしも全体の賛同を得られているとは言い難い．現在，「障碍」や「障がい」などさまざまに検討されているがいずれも共通認識となりにくく，また統一されにくい．その背景のひとつに，私たちの生活のなかに根ざす「しょうがい」児・者

に対する差別の歴史があると考えられる．ここでは，法制度の表示に従い「障害」児・者とするが，これは，当事者が1人の人間として認められ，社会生活上の不利益な状態におかれない，差別されない存在であるということを認識したうえで使用することを共通理解としておきたい．

WHOは，1980年に「国際障害分類（ICIDH）」を作成し，生活機能との関係で「障害」の概念を3つに分類して説明した．これによると，生理的な疾病や変調による「機能障害」が，活動の能力や欠如である「能力障害」を生み，そのことが個人にとって「社会的不利」になる状態を「障害」とした．この概念は，社会的な環境要因が「障害」の状態を発生させるものであることを理解するのに役立った．これに対して2001年に改訂されたICFの障害の概念は，障害児・者の個別の心身の状態に応じた主体的な活動を保障する要件を，環境要因と社会参加の関係で検討しようとしたものである[4]．

わが国では，「障害者」を「身体障害，知的障害または精神障害があるため，継続的に日常生活又は社会生活に相当な制限を受ける者」と定めている（障害者基本法第2条　2004年）．また，「身体障害者福祉法」「知的障害者福祉法」「精神保健及び精神障害者の福祉に関する法律」で障害の範囲について基準を設け，それぞれ身体障害者手帳，療育手帳，精神障害者保健福祉手帳を交付して障害の認定を行っている．

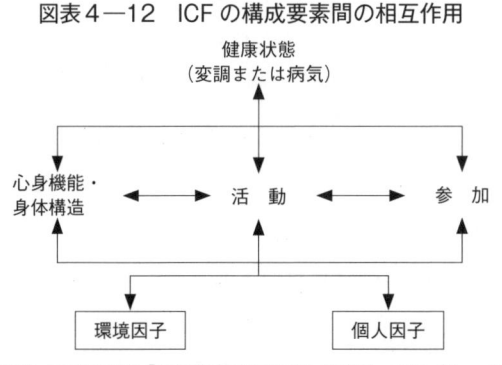

図表4−12　ICFの構成要素間の相互作用

```
          健康状態
       （変調または病気）
              │
   ┌──────────┼──────────┐
   ↓          ↓          ↓
心身機能・  ←→ 活動  ←→  参加
身体構造
   ↑          ↑          ↑
   │          │          │
   └──────────┴──────────┘
              │
       ┌──────┴──────┐
       ↓             ↓
    環境因子       個人因子
```

出所）竹原健二編『現代障害者福祉学』学文社　2004年　p.53

2）障害児・者の定義と実態

1 「身体障害」の定義と身体障害児の実態

「身体障害」は「視覚障害，聴覚または平衡機能の障害，音声機能・言語機能またはそしゃく機能の障害，内部（心臓，腎臓，呼吸器，ぼうこうまたは直腸，小腸）およびヒト免疫不全ウイルスによる免疫の機能の障害」で，その状態によって程度を定めている（身体障害者福祉法第4条　別表第5号）．身体障害者手帳は，障害を1級から7級に区分している．

身体障害者手帳を交付されている18歳未満の障害児は約10万8,000人で，このうち在宅の身体障害児が約9万3,000人となっている．これは前回調査より約1万1,200人の増加である．

2 「知的障害」の定義と知的障害児の実態

「知的障害」は，「① 知的機能が低いこと（IQがおおむね70〜75以下）② 適応行動に制約をもつこと ③ 発生の原因が出生前あるいは脳機能の発達期（18歳未満）にあること」の3つの条件によって定義される（アメリカ精神遅滞学会2002年）．知的障害は多様な原因による状態を示すもので，IQの数値のみで規定できるものではない．適応行動の困難さは，成長過程での生活経験の積み重ねによって軽減を図ることができると考えられている．療育手帳は，こうした継続的な支援を必要とする知的障害児に対して，一貫した指導・相談を行うことを目的に交付されている（厚生労働省通知「療育手帳制度について」1973年）．

「平成17年度知的障害児（者）基礎調査」（厚生労働省　2007年）によると，知的障害児・者数は約54万7,000人で，そのうち在宅で生活しているものは約41万9,000人，施設に入所しているものは約12万8,000人となっている．18歳未満の知的障害児は12万5,000人で，このうち在宅の知的障害児は11万7,000人，施設入所児は8,000人である．

3 精神障害の定義と精神障害児の実態

「精神障害」は「統合失調症，精神作用物質による急性中毒又はその依存症，知的障害，精神病質その他の精神疾患を有する」ものをいう．

知的障害を除く精神障害者は，厚生労働省による「患者調査」（2005年）では約303万人とされている．このうち在宅生活者は，約268万人である．

精神障害の子どもの現状は十分に明らかにされていないが，近年「神経症性障害，ストレス関連障害および身体表現性障害」などに該当する子どもが増加しているといわれ，生活上のさまざまなストレスが子どもの心の健康に影響を与えていると考えられる．今後，こうした子どもの実態を明らかにし，適切な対処を行える専門機関や専門職員，あるいは支援サービスの確立が必要といえる．

3） 発達障害の定義と実態

「障害」を定義することで福祉サービスの対象が明確になり，サービスの提供方法や必要量，必要な財源などが明らかになる．しかし，日常生活のなかで困難や制限を感じるのは「障害」の定義に適合した人だけではない．とくに「社会的な適応行動に制約がある」人は，「障害」と認定されていなくても支援が必要なケースが多くみられる．こうした人びとは，これまで福祉サービスの利用や経済的支援，就労支援などさまざまな支援制度を利用できないという不利益を被っていた．

そこで，障害と認定されていないが，生活上の支援を必要とする人びとを対象に「発達障害者支援法」（2004年）が公布された．

この法でいう「発達障害」とは，「自閉症，アスペルガー症候群その他の広汎性発達障害，学習障害，注意欠陥多動性障害（AD／HD），その他これに類する脳機能の障害であって，その症状が通常低年齢において発現するもの」（発達障害者支援法第2条）をいう．

発達障害の診断基準には「DSM-Ⅳ-TR」（アメリカ精神医学会作成）や「ICD」（国際疾病分類）を用いているが，これによるとIQ70以上で知的障害とはいえないが，対人関係や認知機能に特異な状態がみられ，社会生活上，暮らしにくさをかかえているという状態を示しているといえる．それぞれの発達障

害の特性をみると次のようなものがある．

「広汎性発達障害」は，高機能自閉症やアスペルガー症候群をさす．「高機能自閉症」は，「3歳位までに現れ，①他人との社会的関係の形成困難，②言語の発達の遅れ，③興味・関心の狭さと特定のものへのこだわりを特徴とする行動の障害がある自閉症のうち，知的発達の遅れを伴わない」ものをいう．具体的には，視線があわない，共感関係を形成しにくいなどがある．「アスペルガー症候群」は，基本的には言葉の発達の遅れはみられないが，興味・関心の偏りや行動上のパターン化があり，コミュニケーションや社会性に困難がある．「注意欠陥多動性（AD／HD）障害」は，注意集中が継続しないことや注意の配分が困難な状態（「注意欠陥」），あるいは多動・多弁で，衝動的な行動があり，行動抑制が困難な状態（「多動性」）がみられる．「学習障害（LD）」は，「基本的には全般的な知的発達に遅れはないが，話す・読む・書く・計算するまたは推論する能力のうち特定のものの習得と使用に著しい困難を示すさまざまな状態」（文部科学省）をさす．「中枢神経系に何らかの機能障害があると推定」（平成11年学習障害に対する指導について（報告）より）とされるが，知的障害とは区別されている．

発達障害児の実態はまだ十分に把握されていないが，「通常の学級に在籍する特別な教育的支援を必要とする児童生徒に関する全国実態調査」研究会の調査（2002年）によると，「知的発達に遅れはないものの，学習面や行動面で著しい困難を持っていると担任教師が回答した児童生徒の割合」は6.3％となっている．そのほか学習面で著しい困難をもつもの4.5％，行動面で著しい困難を示すものは2.9％程度あるといわれている．これらは義務教育期間に通常学級に在籍するもののみで，18歳未満の発達障害児のごく一部でしかない．

4）障害児・者の権利について

ノーマライゼーションの父といわれるバンク・ミケルセンは，知的障害児・者の親の会の要請を受けて，知的障害をもつ人びとが，通常の市民と同じ生活

状態に近づけ,その権利を保障されるように運動を展開した.こうした運動は,その後,知的障害者が日常生活上また教育や結婚,就職などで不利益な取り扱いをされないようにするための法的な整備につながった.また,知的障害者のみではなく障害者全体の権利を明文化した「障害者の権利宣言」(1975年)にも影響を与えた.

　この権利宣言は,世界人権宣言や国際人権規約,児童権利宣言および知的障害者の権利宣言などに宣言された権利を障害者にも同様に保障するとともに,可能な限りの自立が可能になるように構成された施策を受ける権利資格を認めたものである.その後「障害者の権利に関する条約」(2007年)が定められ,その前文で「世界人権宣言及び人権に関する国際規約に掲げるすべての権利及び自由を享受することができる」ことが明示された.さらに,障害児についても「障害のある児童が,他の児童と平等にすべての人権及び基本的自由を完全に享有すべき」であり,締約国はその実現のための義務を負うとした.さらに第7条では「障害のある児童」について,他の児童と平等に,すべての人権および基本的自由を享有すること,必要な措置が行われるときにはその子の最善の利益が主として考えられること,障害児にかかわるすべての事項について意見を言えるように,年齢や子どもの成熟度にしたがって支援を受けることができることなどが定められている.

　また,「児童の権利に関する条約」(1994年批准)では,その前文および第2条で世界人権宣言および人権に関する国際規約に掲げるすべての権利および自由は,すべての子どもに差別なく保障されるものであり,子どもの心身の障害などによって差別されないことが定められた.そのうえで,障害児の権利を保障するために,第23条で次のように定めている.① 精神的または身体的な障害を有する児童の尊厳の確保,自立促進と社会への積極的参加を容易にするための条件と生活の確保,② 障害を有する児童の特別な養護についての権利の承認,児童の状況と父母の事情に適した援助の確保,③ 援助は可能な限り無償であること,障害児が社会への統合と個人の発達を達成するための教育,訓

練,保健サービス,リハビリテーションサービス,雇用のための準備,レクリエーションの機会の実施,④国際協力による予防と治療等の情報交換,自国の能力及び技術の向上促進.

(2) 障害児をめぐる福祉施策
1) 障害児・者のための福祉施策の流れ

1980年代後半以降,わが国は,社会経済の低迷や少子・高齢社会などを背景に福祉施策の転換を迫られていた.

1989年に「社会福祉基礎構造改革」が策定され,「① 在宅サービスへの移行 ② 当事者の自己選択,自己決定の保障 ③ サービス利用料の受益者負担と利用契約制度の導入 ④ サービス提供者と利用者の対等な関係の形成」を柱とした福祉施策が推進されることになった.

これによって1990年に福祉八法がそれぞれ改正され,障害児・者の福祉施策も大きな転換期を迎えた.児童福祉法でも居宅生活支援事業の整備や利用契約制度の導入などの改正が行われた.また,身体障害者福祉法,精神薄弱者福祉法(現知的障害者福祉法)などのサービス提供は市町村の責任となり,必要なサービスの整備について計画的に推進し,地域での生活支援に努めなければならないことになった.その後,5年ごとに,障害児・者の生活の実態を把握し,生活環境の変化に応じたプランの見直しを行っている.

2003年には支援費制度がスタートした.この制度は必要な福祉サービスを障害者自身が選択し,利用したサービス量に応じて費用を負担することが原則であった.同時にこの原則を円滑に実施できるように,障害者自身がサービスを選択・決定できるシステムとして成年後見制度や地域権利擁護事業などが策定された.障害児に関するサービスもこの制度に組み込まれ,保護者がサービスを選択し,費用負担をすることになった.そのために保護者の経済的負担が増し,家庭の経済状態によってはサービスの利用を制限するなどの問題が発生した.

2）障害者自立支援法の成立と子どもの自立
1 障害者自立支援法のサービス

障害児・者の生活が地域に移っていったことで，その生活を支援するためのサービスの種類や量の増加を要求する声が高くなった．また，経済的負担の軽減を求める声も大きくなった．こうした要求に応えるために2005年に障害者自立支援法が制定された．また，児童福祉法もこれにともなって改正された．

障害者自立支援法の基本的な方針は次のようになっている．

① 身体障害，知的障害，精神障害の制度体系を統合し，実施主体を市町村に一元化する．障害者の生活圏のなかにサービス提供の拠点を設置し，地域の社会資源を活用しやすくする．② 障害者が地域で自立した生活を営むことができるように，就労支援などのサービスを強化する．③ 支援の必要に応じて，必要なサービスをより効果的・効率的に，そして公平な方法でサービスを提供する．④ サービスの利用者が応分の負担をするが，国の費用負担分も強化する．

自立支援の内容の全体像は，図表4—13のようになっている．

2 障害者自立支援法と障害児・家族の自立

障害者自立支援法に基づくサービスには「介護給付，訓練等給付，自立支援医療等，地域生活支援事業」などがある．これらのサービスは障害児・者の必要性に応じて利用されるものである．児童に給付されるサービスには次のようなものがある．

介護給付では，児童デイサービスやホームヘルパー派遣事業，行動援護（外出時の援助など），短期入所などのサービスがある．訓練等給付では旧制度の育成医療にあたる自立支援医療等がある．また，地域生活支援事業では，相談支援や日常生活用具，地域活動支援などがある．

保護者は，障害児の介護の必要性に応じて，必要なサービス提供をする事業者を選択し，利用契約をする．そのうえでサービスの利用量に応じて費用負担をすることになる．都道府県は，① 障害程度区分，② 介護者，住居等の状況，

③ サービスの利用の意向，④ 訓練，就労に関する評価，を行い，支給の決定をする．さらに障害児のサービス利用に必要な費用から利用者負担額を控除したものを障害者施設給付費として支給する．

児童福祉法は，障害者自立支援法との関連でホームヘルパー派遣事業や児童デイサービス，短期入所など児童福祉施設が提供する福祉サービスについて利用契約制度を導入した．しかし，一部に措置制度も残し，児童福祉法に基づく障害児施設などの施設入所を希望するものには，都道府県が障害児施設給付費の支給が適切であるかどうかを判断したうえで支給の決定をすることにしている．

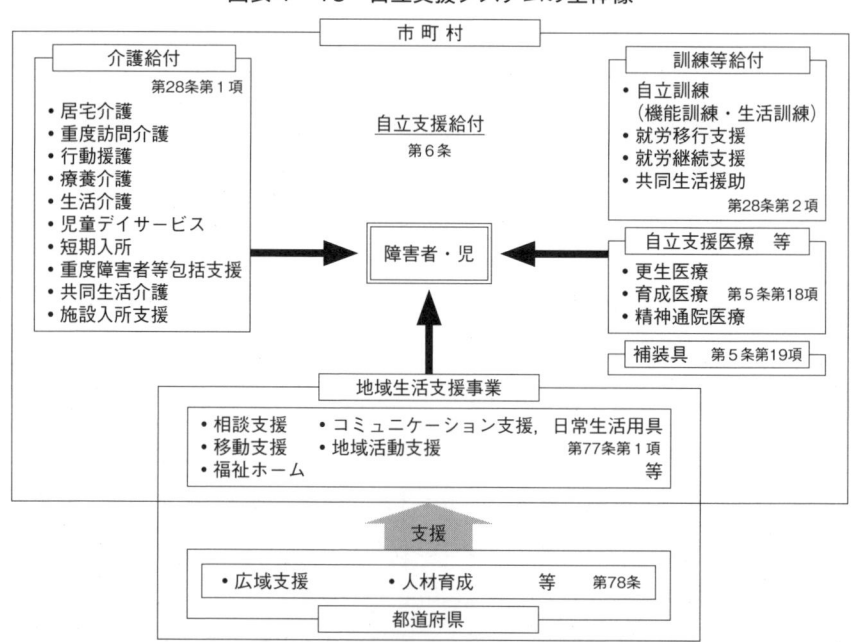

図表4—13　自立支援システムの全体像

```
                        市町村

  介護給付                                      訓練等給付
        第28条第1項                                    
  ・居宅介護                自立支援給付         ・自立訓練
  ・重度訪問介護              第6条              （機能訓練・生活訓練）
  ・行動援護                                     ・就労移行支援
  ・療養介護                                     ・就労継続支援
  ・生活介護                                     ・共同生活援助
  ・児童デイサービス           障害者・児                 第28条第2項
  ・短期入所
  ・重度障害者等包括支援                          自立支援医療 等
  ・共同生活介護                                  ・更生医療
  ・施設入所支援                                  ・育成医療  第5条第18項
                                                ・精神通院医療

                         地域生活支援事業         ・補装具   第5条第19項

                     ・相談支援  ・コミュニケーション支援，日常生活用具
                     ・移動支援  ・地域活動支援       第77条第1項
                     ・福祉ホーム                        等

                             ↑ 支援

                     ・広域支援  ・人材育成  等   第78条
                            都道府県
```

注）自立支援医療のうち育成医療と，精神通院医療の実施主体は都道府県等
出所）厚生統計協会『国民の福祉の動向2008』厚生統計協会　2008年　p.77

3）発達障害児と「発達障害者支援法」

発達障害児は，いわゆる「障害」の認定を受けていないが，コミュニケーション能力や認知能力の偏りなどによって，周囲からの理解を得ることがむずかしかったり，協調できなかったり，生活上さまざまな困難をもつ．周囲から「わがまま」「自分勝手」と思われたり，「落ち着きがない」「集団行動ができない」などと誤解されたりする．親もなんとなく「育てにくい」と感じることはあるが，障害として理解することは少なく，そのために虐待に至るケースもある．また，「読む」「書く」「計算する」などの学習面で困難が発生するために，小学校以降の学校生活のなかで適応が困難になり，不登校やいじめにつながる恐れもある．

発達障害者支援法は第一条（目的）で，① 発達障害者の心理機能の適正な発達及び円滑な社会生活の促進のために，発達障害を早期に発見し，早期の発達支援を行う　② そのために国・地方公共団体の責務を明らかにする　③ 学校教育における発達障害者への支援，発達障害者の就労の支援，発達障害者支援センターの指定などについて定める　④ 発達障害者の自立及び社会参加について支援を行い，福祉の増進を図ることを定めている．

発達障害者支援法では，以下のように支援策を定めている．

① 発達障害の早期発見（第5条）

発達障害については，母子保健法に基づく乳幼児健診や学校教育法に基づく健康診査を行う際に，早期発見に留意する．発達障害の疑いがある場合は，保護者に発達障害者支援センターや発達障害の診断を行うことのできる病院や診療所を紹介し，継続的な相談や医学的・心理的学的判定を受けることができるようにする．

② 早期の発達支援（第6条）

市町村は，発達障害児が早期の発達支援を受けることができるように，その保護者の相談に応じたり，助言をする．また，都道府県は，早期の発達支援のために必要な体制を整備する．

③ 保育・教育・放課後児童健全育成事業の利用（第7～9条）

　市町村は，保育を実施するにあたって，発達障害児が他の子どもたちとともに生活し，健全な育成が図られるように配慮しなければならない．また，国や都道府県は，18歳未満の発達障害児が十分な教育を受けることができるように，適切な支援体制を整備するなどの措置をとらなければならない．

　なお，2008年度に改正された幼稚園教育要領では幼稚園から小学校への教育が円滑に移行できるように，相互に連携をすることが盛り込まれた．また，同年に改訂された保育所保育指針でも小学校との連携を図り，子どもたちの育ちを支えることを目的に，保育所児童保育要録を小学校に提出するように定められた．学校生活については特別支援教育コーディネーターが配置され，児童の教育支援のために家庭や地域との連携を図っている．また，発達障害児の放課後の生活については，放課後児童健全育成事業を利用できるように適切な環境について配慮することになっている．

④ 発達障害者支援センターの設置と家族への支援（第14条）

　都道府県知事は発達障害者支援センターを設置することができる．

　発達障害者支援センターは，専門的な相談を受けたり，助言をすることで，発達障害の早期発見や早期の発達支援を行うことができるようにする．さらに，発達支援や就労支援も行う．そのために医療・保健・福祉・教育などの業務を行う関係機関に必要な情報提供や連絡調整を行う．また，当事者への発達支援だけでなく，発達障害にかかわる専門職員の研修も行う．

　文部科学省は，「発達障害者支援法」が施行されたことをきっかけに，教育委員会および教育関係機関が，医療・保健・福祉等の関係機関と連携し，幼稚園や保育所における早期支援の方法の開発や発達支援体制の確立のために，教育，医療，保健，福祉等の関係者による「早期総合支援モデル事業地域協議会」を設置し，地域に早期支援の体制づくりのための補助を行っている．また，指定された一部地域の幼稚園や保育所で健康診断，就学時健診等によるスクリーニング方法の開発を行う事業や，5歳児健診による早期発見体制の確立

とその後の教育機関での相談・指導教室の開設について、研究的に実践している。

都道府県や市町村は、保護者が発達障害児を適切に養育することができるように、児童相談所やその他の関連機関と連携して、相談・助言・その他の支援を行い、福祉の増進を図る。

(3) 障害児とその家族への福祉対策

障害児と家族をめぐる福祉施策については、次の点に配慮する必要がある。

ひとつは、障害児とその家族にとって、基本的人権が守られる内容となっていることである。障害児自身への人権保障、生活権保障が、家族にとっての生活権保障となっていることが重要である。もうひとつは、ノーマライゼーションの実現と子どものエンパワーメントへの配慮である。障害児が一貫したサービス体系のなかにおかれ、継続的な生活支援が行われる一方で、一般市民との共有場面が少なくなっている。障害児が、地域の人びととともに生活していくためには、当事者のエンパワーメントとして、生活する力を経験的に学習する必要がある。

障害児の生活の総合的な支援体制について、ライフステージにそって、生活の現状と問題点についてみてみる。

1) 障害の早期発見と早期療育体制のネットワーク

障害児の発達を促し、二次的障害を防ぐためには、障害を早期に発見し、適切な療育と訓練が重要である。

医療機関では新生児の先天性代謝異常などに関するマス・スクリーニング検査を行い、障害の早期発見に努めている。また、発達の早い時期に医療的処置を行うことで、障害を取り除いたり軽減したり、あるいは二次的な障害を予防したりするために、障害者自立支援法による自立支援医療の給付が行われている。

「母子保健法」では，妊産婦の保健指導や乳児健診，1歳半健診，3歳児健診など法律に定められた健診を行い，乳幼児の発達の状況を把握することになっている．

しかし，子どもの発達に不安を感じていてもなかなか周囲に相談できなかったり，1人で問題を抱え込む親もいる．そこで，こうした漠然とした子育て不安に早期に対応し，相談や援助がとくに必要と思われる家庭には保健師が訪問して，助言や指導を行う事業も，早期発見に利用されている．

このように乳幼児期に行われる家庭訪問や発達の節目ごとの健康診断によって，発達に困難があることを早期に発見し，必要な療育や訓練につなげることができる．虐待を受けている子どものなかには，発達に困難があり親が育てにくさを感じている場合も多い．親が子どもの発達状態を理解することで，周囲からの発達支援を受けやすくなり，育児不安の軽減にもつながる．

保健センターは，地域療育支援センターや保育所，幼稚園などと連携し，地域のネットワークを構築することで，早期療育のシステムを充実させ，障害児とその子を養育する家庭とに支援をすることができる．

【事例】

Aちゃん（5歳）は，父・母・妹の4人家族である．Aちゃんは出生時体重1,800gの未熟児であった．1歳半健診では「有意語がない」「視線が合わない」などの様子がみられ，継続的な観察が必要と判断された．3歳で保育所に入園．保育所では，1人でブロックで遊ぶことが多く，突然保育室を飛び出すなどの行動がみられた．3歳児健診で，医師の精密健診により自閉症と診断された．今後どのように育てていけばよいのか不安になった母親から保健センターに相談があった．保健師は家庭訪問を行うとともに，保育所と連絡をとり，集団のなかでの生活での配慮について話し合った．現在，小学校の特別支援教育コーディネーター，地域療育支援センターのソーシャルワーカーが母親と面談し，現在のAちゃんの課題，入学後の教育環境や友人との関係，通学方法などに関する配慮を検討している．

2）在宅福祉対策

　障害児にかかわる福祉サービスも，利用契約による在宅福祉サービスを柱とするサービスに転換しつつある．障害児の場合，長期にわたる発達的視点をもって，家族や友人との関係づくり，生活のスキルや地域への参加など総合的な支援をする必要がある．

① 家庭での介護を軽減するためのサービス

　障害児にかかわる「介護給付」には，「居宅介護（ホームヘルプサービス）」がある．入浴や排泄または食事など，障害をもつ子どもの日常生活活動について介護を行う．また，「地域生活支援事業」は，「行動援護」（行動上著しい困難を有するもので，常時介護を要するものについては，行動上の危険を回避するために必要な援護，外出時の移動中の介護その他を行う）や，「児童デイサービス」（障害児を障害児施設に通わせ，日常生活における基本的な動作の指導，集団生活への適応訓練その他の便宜を提供する），「短期入所」（保護者が，疾病，冠婚葬祭，事故，学校行事，旅行，休息等で監護できない時，7日間以内で本人を施設に一時預かる事業）を実施することができる．

　これらは，主に家族の介護を軽減する内容となっている．一方，障害児自身の生活を豊かにするための支援はまだ十分とはいえない．

　知的障害児の場合，運動機能の障害をともなわないものや軽度のものであっても，日々の生活行動に常に見守りが必要なケースが多い．たとえば毎日の入浴，排泄，食事などの基本的な日常生活だけでなく，通学や友人との交流，地域活動への参加などさまざまな場面でも見守りや援助が必要となる．常時必要な見守りと介助を保護者のみで担うことは困難である．とくにきょうだい児が幼かったり，要介護の高齢者がいたり，共働きをしなければならない世帯などでは，保護者の負担は計り知れない．また，障害児の移動サービスは使用目的が限られていたり，費用負担が生じたりするため，気軽に利用できない．そのため障害児は余暇時間を「ひとりで」「家で」「テレビを見て」過ごすものが多くなっている．また，外出する場合も，障害児自身の希望というよりは，きょ

うだい児や家族の都合によるものであったり，行動範囲を制限されたりする．

こうしたなかで，支給されるサービス内容ごとに費用を設定されると，子どもの行動をサービスに合わせて制限してしまうことも起こる．また，保護者の経済的状況によってはサービス利用を断念することも起こっている．障害児自身の意見を尊重し，自由な活動を保障する観点からサービスを充実させる必要がある．

今後，障害児が家族の一員として尊重され，家族全体が安定した生活基盤を構築するとともに，障害児の「最善の利益」に配慮し，健やかな成長・発達を守るものになっているかどうか，サービスのあり方をそれぞれの家庭の生活実態をもとに検討する必要がある．

② 相談支援

障害児を養育するなかで発生する家族の生活問題や，子どもの成長・発達に関する問題，子どもの自立の問題などについて，さまざまな相談機関が設置されるようになった．

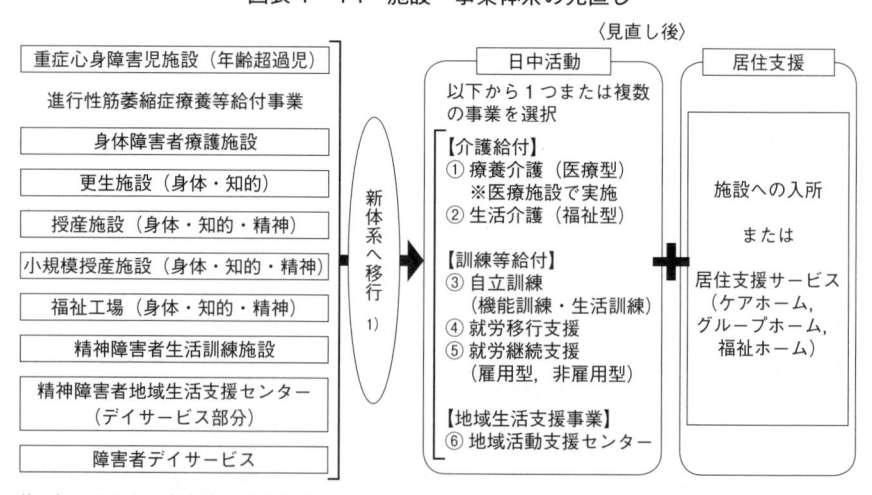

図表4—14 施設・事業体系の見直し

〈見直し後〉

旧体系		日中活動		居住支援
重症心身障害児施設（年齢超過児）	新体系へ移行1)	以下から1つまたは複数の事業を選択	＋	施設への入所 または 居住支援サービス （ケアホーム，グループホーム，福祉ホーム）
進行性筋萎縮症療養等給付事業		【介護給付】 ① 療養介護（医療型） ※医療施設で実施 ② 生活介護（福祉型）		
身体障害者療護施設				
更生施設（身体・知的）				
授産施設（身体・知的・精神）		【訓練等給付】 ③ 自立訓練 （機能訓練・生活訓練） ④ 就労移行支援 ⑤ 就労継続支援 （雇用型，非雇用型）		
小規模授産施設（身体・知的・精神）				
福祉工場（身体・知的・精神）				
精神障害者生活訓練施設				
精神障害者地域生活支援センター （デイサービス部分）		【地域生活支援事業】 ⑥ 地域活動支援センター		
障害者デイサービス				

注1）おおむね5年程度の経過措置期間内に移行．
出所）厚生統計協会『国民の福祉の動向2007年』第54巻第12号　厚生統計協会　2007年　p.76

障害児の相談を受け付ける専門機関には，都道府県が設置する児童相談所や知的障害者更生相談所がある．また，児童福祉法に基づく施設として，児童家庭支援センターがある．ここでは児童相談所との連携を図り，障害児の発見と支援等に関する情報提供を行う．

障害者自立支援法では，障害児・者の生涯にわたる問題について相談や情報の提供，助言などの支援を総合的に供与するために指定相談支援事業を行うことを定めている．また，発達障害者支援法では，「発達障害者支援センター」を設置し，自閉症児や家族の相談に応じ，療育や適切な指導を行ったり，関連機関との連携を図り，発達障害者およびその家族の総合的な支援を行うことなどを定めている（第14章）．

しかし，地域によっては相談機関が遠隔地にあり，障害児を連れて気軽に相談にでかけられない場合がある．また，相談機関相互の連携が十分でなく，保護者は適切に対処してくれる相談機関を探してあちこち歩き回らなければならないこともある．必要なときに，気軽に相談に行ける相談の拠点と関係部署のネットワークの構築が必要となっている．

3) 障害児の生活施設

児童福祉法では，経済的にも親に依存している子どもの特性を考え，入所型施設への措置も併用されている（各児童福祉施設の説明は第3章にゆずる）．

① 知的障害児施設（自閉症を主症状とする児童を入所させる場合は自閉症児施設）

知的障害児施設の利用者についてみると，家庭での養育が困難な理由として，経済的な問題や親の疾病，障害の重度化による養育の困難，家族に複数の要介護者がいることなどがあげられている．

現在，在宅福祉サービスが重視されつつあるが，入所施設で生活している入所児を在宅生活に移行させるには，受け入れる家族や地域についても環境整備や長期にわたる適応訓練が必要である．また，地域生活に参加するための支援体制の整備が必要である．

② 重症心身障害児施設（重症心身障害児通園モデル事業の実施を含む）

　生命維持と日常の生活活動のために，常に全面的な介護と医療が必要な重症心身障害児を対象とする．

　この施設では医療や療育の専門職員の配置と環境の整備によって，重症心身障害児の総合的な発達保障の取り組みを実施している．家庭の養育機能が脆弱で，介護機能が不十分な場合には養護問題も頻発しやすい．施設では重症心身障害児の安定した生活拠点となれるように環境を整備することが必要である．また，在宅の重症心身障害児への介護や情報提供など，その専門的機能を活かした役割も求められている．

③ 盲ろうあ児施設

　視覚障害児および聴覚障害児についても，早期の療育・訓練によって二次的障害を防止するために施設には療育のための専門職員を配置している．

　在宅サービスへの移行が進み，入所児が減少するなかで施設の統廃合が行われているが，障害の重複した子どもの増加や家庭での養育が困難な子どもの増加などの現状をみると，安定した生活を保障する施設が必要である．また，子どもたちが豊かなコミュニケーション手段を確保し，多様な職業選択のできる生活経験と教育を保障するための機能を備えていることも必要である．

④ 肢体不自由児施設

　肢体不自由児施設は，四肢や体幹の障害を医療によって軽減したり，二次的障害の発生を予防するために，医療的な設備を備えたり，リハビリや療育・訓練を行っている．障害者自立支援法による育成医療の提供や，訓練等の支援を，子どもの発達に応じて実施できる支援体制が求められている．重度・重複障害児など，生活の場を家庭に移行することがむずかしい状態にある子どもが増加している．

　今後，長期的な訓練・療育と社会的自立のための機能をもった施設の整備が必要となる．

4）費用負担と経済的支援

① 障害者自立支援法と応能負担

障害者が福祉サービスを利用する際の費用については，これまでは所得に応じて負担額が決められる応能負担となっていた．しかし，2003年に施行された支援費制度によって，利用したサービスの量に応じて，必要な費用の一割を負担する応益負担に変更となった．

その後，障害者自立支援法では在宅支援を中心に，前述したようにサービス体系を整備し，各サービスの費用が設定された．利用者は，選択したサービスの費用の一割を自己負担するが，過重な負担がかからないように，収入に応じてその限度額が設定されている．また，個別に減免が行われることがある．しかし，食費や日常生活費などは原則的に実費を負担しなければならない．

② 特別児童扶養手当の支給

20歳未満の重度または中度の知的障害児を養育するものに支給される．在宅の重度知的障害児は，日常生活を送るうえで常時介護が必要である．そのため家族，とくに両親は精神的にも経済的にも重い負担を担うことになる．こうした負担を軽減するために，経済的な支援として障害児福祉手当，在宅の重度知的障害児に特別障害手当が支給される．

（4）今後の課題

障害児とその家族が安定した生活拠点を確保され，親による養育を受けることは，「児童の権利に関する条約」に規定された「親または法定保護者が養育の第一義的責任」を現実にするということである．また，児童福祉法でいう「ひとしくその生活を保障され，愛護されなければならない」という法の理念に基づいたものでもある．しかし，親（または法定保護者）のみで，障害児を養育し，発達権を保障できるものではない．

子どもの生活基盤である家庭とそれを取り巻く地域環境が，障害児にとって「最善の利益」となるために，次のような点が検討されなければならない．

① ノーマライゼーションのための環境整備

　障害者自立支援法の成立によって，障害児とその家族の福祉サービスは，その対象や内容，利用方法，費用負担などが，それぞれの障害の程度と必要性に応じて選択できるように規定された．この仕組みは，障害児とその家族の生活をサービスの枠組みのなかに規制する恐れがある．

　幼稚園や保育所などでは，ノーマライゼーションの理念のもとに，障害児保育がすすみつつある．加配保育士の人件費補助も行われてきているとはいえ，必要な専門職員を安定的に配置するには不十分である．

　また，放課後健全育成事業も最低基準がなく，70人を超える大規模施設が存在したり，指導員の資格や配置条件などが明確になっていない．学校生活でのストレスや家庭の問題，発達障害をともなう子どもたちが放課後の主体的な生活の場を共有するためには，適切な職員の配置や環境の整備が行われなければならない．そのため，障害児は本人の希望のいかんにかかわらず児童デイサービスなど障害児のためのサービスを利用することになる．

　生活上のバリアフリーを実現していくためには，障害児が，その発達過程で，地域での普通の生活経験を積み重ねていくことが重要であり，そのための訓練・療育の機会とサービスの整備が必要である．子ども達が生活や教育の場を共有し，生活圏を広げられる福祉サービス体系を整備することが大きな課題といえる．

② 家族の経済的な負担について

　低所得者層にとっては，障害者自立支援法に基づくサービスの自己負担分が，家庭の経済を圧迫している．障害児を養育する家庭のなかには，訓練やデイサービスなどの利用回数を少なくするなどによって費用負担を減らす場合もある．障害児の養育やきょうだい児の養育，親自身の老後のために共働きをしたくても，障害児の介護や養育のために共働きをすることができないなどの現状もある．

　障害者とその家族への福祉施策の基本方針は，在宅対策であり，就労による

自立に導くことである．こうした方針は障害児・者と家族が，人として当たり前の生活を実現する条件のひとつを認めたものではある．しかし，そのための経済的な負担が，人としての最低限の生活保障を損なうものになっては意味がない．今後，障害児が家庭の経済的な状況によって，その成長・発達を阻害されることのないように，国は責任をもって，子どもの支援対策を行う必要がある．

③ 療育サービスの環境

障害者自立支援法では年齢を超えて，一貫した療育や保護を行うための支援がなされている．そのためには医療と福祉と教育の融合した支援である「療育」が必要になる．現在，在宅サービスが主となりつつあるが，家庭ではこうした専門的な対応は困難である．本人が自らの意思を伝える能力に乏しい場合や，自己決定の能力に乏しい場合などは，表面に出てこない意思・ニーズを引き出す努力と専門性が職員に求められる．また，家庭の経済状況や介護機能などを考慮して，障害児にとって最善の利益をはかることができる施設の整備も重要な課題といえる．

6．非行・情緒障害と子ども家庭福祉

●キーワード●

非行・発達障害・情緒障害

（1）少年非行の現状と課題

1）少年非行の現状と背景および特質

「非行」という言葉は，明確な定義があるわけではなく，少年法などにもその定義はない．だが一般的に，未成年者によってなされた犯罪行為や軽微な違法行為，あるいは違法ではなくても，習慣的規範に照らして反社会的とみなされる行為のことをさしている．つまり，どのような行為をもって「非行」とす

るかは，その社会の文化や習慣，価値観などによっても左右されるものであり，社会的背景の影響がきわめて強いことを念頭におく必要がある．

図表4—15にみられるように，戦後，少年非行にはいくつかのピークが認められるが，いずれもその時期の社会環境の影響が読み取れる．第1期の1951年前後は「生きるための非行」とよばれ，戦後の混乱のなかで保護者を失った少年による窃盗などが中心であった．第2期の1964年前後は「反抗型」とよばれ，高度経済成長にともなう急激な社会の変化のなかでドロップアウトした子どもたちによる反社会的行為が増加した．また，このころから非行件数が際立って増加しているのは，交通関係業過が含まれているからで，交通関係の違反行為で検挙される少年が増えたからである．第3期の1983年前後は「遊び型」とよばれ，暴走行為や校内暴力などが増加した．

また，1998年ころから現在に至る波も認められるが，この時期を第4のピークとするかどうかは見解の分かれるところである．この時期を第4の波とする立場からは，この時期の特徴として主体性や罪悪感に乏しく，非行歴のない子どもによる「いきなり型」であるということが指摘されている．他方，非行少年を補導・検挙する警察の姿勢の強硬化が，非行件数の増加につながっているため，1990年代後半の時期を単純に非行の急増期ととらえられないという見方もある．つまり，この時期の罪状別の検挙数では，とくに「横領」が増加している．しかし，そのほとんどは「占有離脱物横領」とされる放置自転車の使用であることや，従来は「窃盗」とされていた行為が「強盗」に分類されるケースが増えているというように，厳罰化傾向が指摘できる．さらに，補導される少年の内訳についても，急増しているのは「深夜徘徊」（夜11時から4時までのうろつき行為）であり，警察の取り締まり活動の活発化により，件数の増加がもたらされているという．こうした分析から，少年非行が増加していると単純には判断できないとされる．

また，近年「少年非行が凶悪化している」と一般的にいわれているが，統計上は，1960年代をピークに，長期にわたって減少・横ばい傾向となっている．

警察庁の統計（2007（平成19）年度）によると，凶悪犯（殺人，強盗，放火，強姦）の発生件数は4年連続で減少，粗暴犯（凶器準備集合，暴行，障害，脅迫，恐喝）も7年連続で減少と，統計を取り始めた昭和24年以降最低と指摘されている（図表4-16参照）．マスコミにみられる少年事件の過度な報道が「少年事件の凶悪化」といったイメージをもたらしているのではないだろうか．個々の事件を分析し，教訓を学ぶことも必要であるが，客観的な現状分析も必要である．

少年非行の背景には，第1に現代社会の文化的・社会的環境の問題が指摘できる．深夜徘徊を助長する夜型社会，児童が容易にアクセスできる出会い系サイトなどのネット社会の有害情報，幼少期からのゲームやメディアによるバーチャル体験の増加，暴力や性行動を安易に扱うマンガ文化などは，発達途上にある児童の価値観や行動に悪影響を及ぼしかねない．

第2に児童虐待の問題がある．虐待を受けることにより，自尊感情の低下や，暴力的な対応の学習から非行につながる可能性がある．たとえば，性虐待から性非行に走るケースや，虐待から逃れるために家出を繰り返し，触法行為

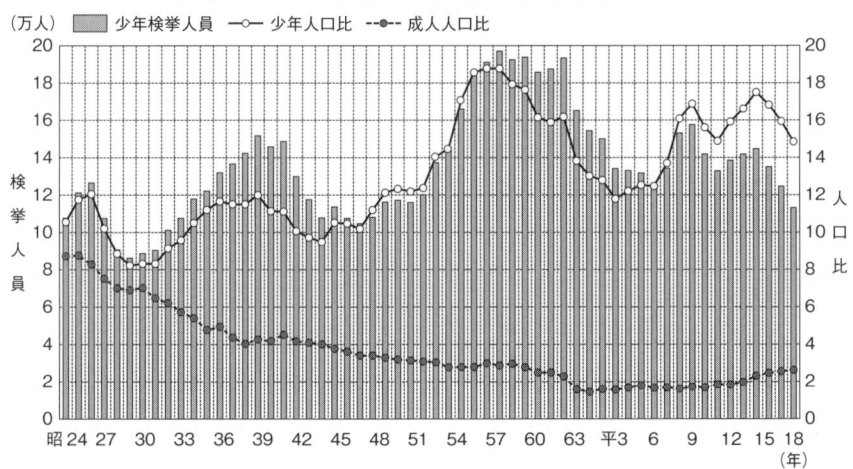

図表4-15　刑法犯少年の検挙人員，人口比の推移

注）人口比とは，同年齢層の人口1,000人当たりの検挙人員をいう．
出所）警察庁『平成19年版　警察白書』

に至るケースなどである．実際に，非行行為により児童自立支援施設に入所する子どもには，被虐待児が増加していると指摘されている．

第3に発達障害との関連である．近年，世間の注目を集めるような少年事件の加害児童のうち，事件後の精神鑑定で発達障害と診断されたケースがいくつかあった．発達障害そのものは，直接，非行や事件に結びつくものではない．しかし，相談や診断，治療といった過程をふまえることがなく，障害への理解と適切な対応がなされてこなかったことから，二次的障害として非行に至ったと考えられる．こうした背景を考えると，非行少年自身の育ちや人間関係のなかでの被害性にも着目する必要がある．

2) 少年非行への対応

非行少年への対応は，児童福祉法によるものと，少年法など，少年司法による対応がある．少年司法の領域においても，健全育成や立ち直りを支援する視点は不可欠である．

① 児童相談所

家庭環境に問題のある非行傾向のある子どもについては，児童相談所へ通告・相談することができる．児童相談所では，ケースワークによる環境調整を行うとともに心理療法的援助も行う．これらの支援は，通所による指導や一時保護所への短期入所指導，児童自立支援施設への入所措置など，子どもと家族の状況に応じて，最もふさわしい形で行われる．

② 児童自立支援施設

児童自立支援施設は児童福祉法44条に「不良行為をなし，またはなすおそれのある児童及び家庭環境その他の環境上の理由により，生活指導等を要する児童を入所させまたは保護者の下から通わせて，個々の児童の状況に応じて必要な指導を行い，その自立を支援し，あわせて退所したものについて相談その他の援助を目的とする」と規定されている．職員として児童自立支援専門員，児童生活支援員がおかれている．1997（平成9）年の児童福祉法改正により，

「教護院」から「児童自立支援施設」に名称を改め，対象となる子どもを拡大し，「家庭環境その他の環境上の理由により，生活指導等を要する児童」を新たに加えるとともに，機能面においても通所機能や家庭環境の調整機能を加えている．近年の児童自立支援施設では入所児童の減少傾向が続く一方で，虐待を受けた子どもや発達障害を有する子どもが増加している．また，施設の運営形態についても，伝統的な小舎夫婦制が減少し，交代勤務制へ移行する施設が増えている．

③ 少年法

少年法は第1条で「少年の健全な育成を期し，非行のある少年に対して性格の矯正及び環境の調整に関する保護処分を行うとともに，少年および少年の福祉を害する成人の刑事事件について特別の措置を講ずること」とその目的を述べている．また，22条では「審判は懇切を旨として和やかに行うとともに，非行のある少年に対し自己の非行について内省を促すものとしなければならない」と少年の立ち直りをめざした少年審判の理念について定めている．

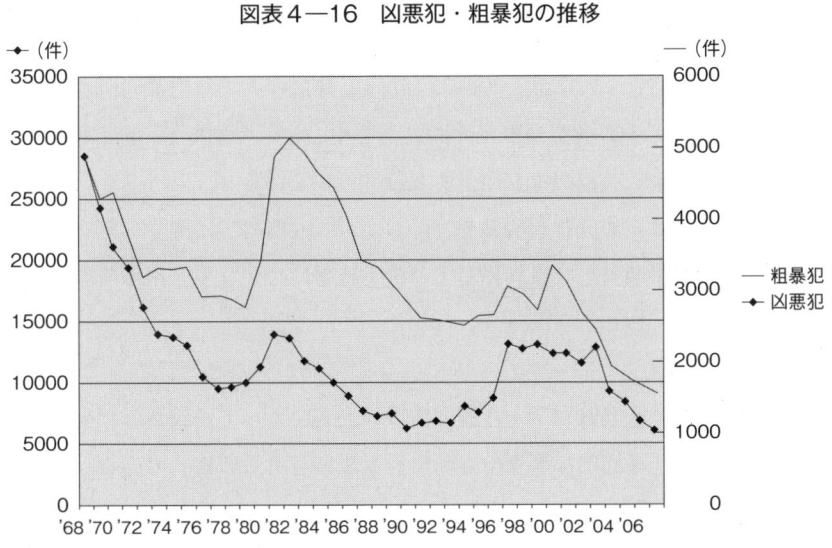

図表4—16　凶悪犯・粗暴犯の推移

出所）警察庁『警察白書』各年版より作成

少年法では非行少年を，非行少年（罪を犯した少年），触法少年（14歳に満たないで刑罰法令に触れる行為をした少年），ぐ犯少年（その性格または環境に照らして，将来罪を犯し，または刑罰法令に触れる行為をする虞のある少年）の3つに分類している．

少年法は近年，数度改正されている．2001（平成13）年には刑事罰対象年齢を16歳から14歳に引き下げ，16歳以上の少年が犯した行為により，被害者が死亡した場合は，成人と同じ刑事処分手続きをとることとされた．2007（平成19）年には，少年院送致の対象年齢が「おおむね12歳以上」に引き下げられた．さらに2008（平成20）年には，少年審判の傍聴を被害者や家族にも認めることとされた．こうした改正の契機には社会的注目を集めた少年事件がある．そのたびに，少年法の理念である「保護主義」が批判され，厳罰化の方向で改正されてきた．加害少年の育成環境も含めての動機の解明と厳罰化の有効性，罪に向きあい，謝罪し更生することにつながる処分および被害者とその家族の感情を汲む対応のあり方など，充分な検討が必要である．

④ 家庭裁判所

家庭に関する事件の審判（家事審判）および調停（家事調停），少年の保護事件の審判（少年審判），人事訴訟（離婚訴訟など）等について地方裁判所から移管され，管轄している．各都道府県庁所在地を中心に，全国で50市に本庁が設けられているほか，支部および出張所も設けられている．

家庭裁判所には，家庭裁判所調査官がおかれ，人間科学に関する専門的知見を活用して，家事審判，家事調停および少年審判に必要な調査や環境調整などを行っている．

⑤ 少年鑑別所

少年鑑別所は，家庭裁判所から監護措置の決定によって送致された少年を最高8週間収容し，専門的な調査や診断を行う法務省所管の施設である．

全国52ヵ所に設置され，非行の原因などを医学，心理学，社会学，教育学などの専門的知識や技術によって明らかにし，その結果は鑑別結果通知書とし

て家庭裁判所に送付され，審判や少年院，保護観察所での指導・援助に活用される．

⑥ 少年院

少年院法に基づき，家庭裁判所の審判を経て送致された者を収容するための施設である．全国に51庁設置されている．少年院には，初等少年院（おおむね12歳以上おおむね16歳未満の少年対象），中等少年院（おおむね16歳以上20歳未満の少年対象），特別少年院（犯罪傾向の進んだ，おおむね16歳以上23歳未満の少年対象），医療少年院（心身に著しい故障のある，おおむね12歳以上26歳未満の少年）の4種類があり，医療少年院を除き，それぞれに男女別々の施設が設けられている．

少年院では，少年の特性および教育上の必要性に応じた教育課程を編成するとともに，1人ひとりの個性や必要性に応じて，家庭裁判所や少年鑑別所の情報や意見等を参考にして個別的処遇計画を作成し，法務教官による矯正教育を行っている．

⑦ 警察による少年非行防止対策

警察では，学校，児童相談所等と「少年サポートチーム」を編成し，それぞれの専門分野に応じた役割分担の下，子どもへの指導・助言を行っている．

とくに，学校との連携を重視し，非行少年等問題を有する児童生徒に関する情報を学校と警察が相互に通知する「学校・警察連絡制度」や，「学校警察連絡協議会」が設けられている．また，退職警察官らを，学校からの要請に応じて派遣し，学校における子どもの問題行動等への対応，巡回活動，相談活動，児童の安全確保に関する助言等を行う「スクールサポーター」も30都府県で導入されている（2007年）．

さらに，全国に192ヵ所（うち警察施設以外66ヵ所：2007年）の「少年サポートセンター」が設置され，少年補導職員を中心に，学校，児童相談所その他の関係機関・団体と緊密に連携しながら，少年相談活動，街頭補導活動，立直り支援，広報啓発活動といった総合的な非行防止対策を行っている．

3）非行少年と家族への支援

児童福祉施設である児童自立支援施設での支援を中心に述べる．

2007（平成19）年に厚生労働省内におかれた「児童自立支援施設のあり方に関する研究会」はその報告書で，児童自立支援施設における自立支援の基本的考え方を示している．

まず指摘されているのが，入所する子どもの健全で自主的な生活を志向しながら集団生活の安定性を確保した支援・ケアの重要性である．そのために施設生活のなかで規則の押しつけや管理のためでなく，子どもの自立を支援・推進するための一定の「枠のある生活」という支援基盤の確保が必要と述べられている．次に，児童自立支援施設では，子どもの発達段階や個別性に応じた衣食住の保障，愛情と理解ある雰囲気に包まれた家庭的・福祉的アプローチによる「育てなおし」を行うとされ，安心感のある生活のなかでの支援・ケアを通して，1人ひとりの子どもを受容し，向き合い，子どもと職員の愛着関係・信頼関係をはぐくみ，深めていくことが重要と述べられている．そのために職員には，言葉かけや関わりについての深い理解が求められている．さらに，保護者や家族に対して，関係機関と連携しながらの協働，支援，調整の必要性や，支援・援助にあたっての体罰，差別，子ども間のいじめや暴力の否定と子どもの尊重，虐待を受けた子どもの理解，地域住民の福祉ニーズに対応したサービス提供についても述べられている．

児童自立支援施設は家庭裁判所の保護処分により入所してくる子どもや，家庭環境上の問題に加え，特別なケアを要する子どもも入所している．安定した生活を提供するためにはきわめて高い専門性が要求され，公共性も高い施設である．したがって，施設運営の安定性・継続性の確保に加え，職員の専門性の確保と向上が不可欠である．

また，1997（平成9）年の児童福祉法改正時に学校教育の実施が義務付けられたが，いまだ半数程度の実施状況にとどまっている．導入にあたっては地方公共団体の所轄部局や教育委員会，地域の理解と協力が不可欠であり，入所し

ている子どもの特性や能力に応じて適切に対応できる力量の高い教員の配属や，入所前に通っていた学校との緊密な連携などが求められている．

【事例】児童自立支援施設の子どもたち

　Mさんは，O県の児童自立支援施設で，夫と入所児童12人が暮らす寮舎を運営している．他県の自立支援施設では後継者不足から夫婦小舎が維持できず，通勤制に切り替えたり，定員割れをきたしているところが多いと聞くが，Mさんの施設では，定員割れも起こしていないし，若い夫婦が運営する寮舎もある．子どもの権利を尊重する施設の方針のもと，入所に際して，本人へ説明し，同意を得ることや，援助方針作成への本人参加などをすすめてきた．同時に，子どもを家庭的な環境の下で「育てなおす」ことを重視して，安定的な生活を提供することを追及している．こうした日々の取り組みの積み重ねが，施設機能の維持に貢献しているのだろう．

　3ヵ月前に入所した子どもの面会に中学校の担任教師が訪れた．子どもとの面談の後で，教師はMさんに「すっかり落ち着いていて，目つきまで違う．別人のようだ．中学校では乱暴な行為が多く，あの子が通ったあとには必ず何かが壊れていると評判だったのに」とおどろいた口調で言った．Mさんは穏やかに微笑み，「ここでは，そんな乱暴なことをしなくても，ちゃんと認められているとわかったからではないでしょうか」と言った．家庭的生活のなかで，どんな子どもとも丁寧に向き合うことで，子ども自身が，愛され大切にされているといった実感をもつことが，立ち直りの基盤になるというMさんの言葉に，教師は深くうなずいていた．

(2) 情緒障害児と子ども家庭福祉

1) 情緒障害とは

　情緒障害とは，1961年の児童福祉法改正により，情緒障害児短期治療施設が設置された際に導入された用語であるため，明確な定義はないが，主に以下

のような子どもの行動や習癖をさしてきた．

① 非社会的行動（かん黙，登校拒否など）② 反社会的行動（反抗・暴力，盗み・持ち出し，怠学など）③ 神経性習癖（チック・爪かみ，夜尿・遺尿，どもりなど）④ その他の問題行動

一方，学校教育の領域では情緒障害児学級を設けており，情緒障害を「情緒の現れ方が偏っていたり，その現れ方が激しかったりする状態を自分の意思ではコントロールできないことが継続し，学校生活や社会生活に支障となる状態」としている．

このように情緒障害の定義が不明確なことから，場面かん黙やチックなどの心理的要因による症状をもつ子ども，不登校やひきこもりの状態になった子ども，虐待を受けた子どもなど，時代の流れのなかで，日常生活上よりち密な支援を必要とする心理的理解と治療を必要とする多様な子どもたちが情緒障害児とされ，支援を受けてきた．

また，最近では発達障害をもつ子どもたちの情緒障害児短期治療施設の利用が増えている．それにともない，発達障害と虐待や不登校，神経症的症状との関連も注目されている．発達障害をもつ子どもは，知的には目立った遅れがないため，障害として理解されにくく，「やる気がない」「わがまま」「親のしつけがなっていない」などと誤解されやすい．周囲の無理解や批判にさらされることで，親も子どもへ過度に厳しく接することになりやすいため，虐待のハイリスクとなる．親や教師などが障害による子どもの行動特性を理解していないと，「常識」としての叱責がマイナスとなり，子ども自身に失敗体験の繰り返しや，わかってもらえない怒りや悔しさ，ストレスが重なってゆく．それらが，自己評価や自尊感情の低下につながり，二次的障害として，不登校や非行，神経症状の発生や悪化を引き起こす可能性がある．早期からの発見と，正しい理解に基づいた発達支援と親への支援を行うことで，二次的障害を予防することができる．また，虐待を受けたことによって，精神的発達に影響が発生するケースもある．虐待を受けた子どもの心理的影響の理解と心理治療の必要

性が重要視されるところである.

2）情緒障害児短期治療施設

情緒障害児短期治療施設は児童福祉法第43条の5に「軽度の情緒障害を有する児童を，短期間，入所させ，または保護者の下から通わせて，その情緒を直し，あわせて退所したものについて相談その他の援助を行うこと」と目的が定められている．1962（昭和37）年に設立されているが，その背景には，非行の低年齢化や，「親の育て方が悪い」ことが原因とされていた自閉症に社会的関心が集まり，心理治療の必要性が求められていたことがある．

現在では，心の健康における問題の多発や児童虐待の増加への対策の必要性が社会的関心となり，2000（平成12）年に定められた母子保健推進計画である「健やか親子21」において，「情緒障害児施設を各都道府県に1施設以上設置する」目標が設けられた．そのため，近年設置数が増加しており，2007（平成19）年には31ヵ所となっている．

情緒障害児短期治療施設の職員は，医師，心理治療を担当する職員，児童指導員，保育士，看護師となっている．また，児童の早期家庭復帰等を図るため，総合的な家庭調整を担う家庭支援専門相談員や，虐待を受けた児童に対応するための個別対応職員の配置（2004年度），さらに，手厚いケアを要する児童等を対象に，小規模グループによるケアを行うための体制整備と職員配置（2005年度）などの充実が図られている．

情緒障害児短期治療施設には，心理療法と生活指導および家庭環境の調整が求められている．心理治療と生活指導については，施設生活の中で一体的に行われている．子どもにとっては，それまで充分に積んでこなかった生活体験を補うことや，学習に対する劣等感を改善させることも課題であり，情緒障害児短期治療施設での生活を通じ，その課題克服を支援する．セラピストや医師は子どもの生活と成長過程を把握し，専門的アセスメントに基づき心理治療を行う．安定した生活と受容を基盤とした人間関係は，子どもの治療的環境として

最もふさわしいものであるため，心理治療も施設生活と緊密に連携して行われる．また，学校教育との連携も必要であり，施設内に設置される情緒障害児学級の教師との連携はとくに重要である．

子どもの治療と並行して家庭環境調整も行われている．児童相談所が作成する家族再統合プログラムと，施設側が作成する自立支援計画によりながら，子ども，保護者および家族全体を対象とした家族療法が積極的に取り入れられている．

情緒障害児短期治療施設の課題として，まず，常勤医師の確保，職員の資質の向上のための研修体制の整備といった専門性のある人材の確保があげられる．次に，治療的かかわりのためのユニットケアの導入があげられる．多様なニーズをもつ子どもを受け入れて生活のなかで有効な治療を行うために，「年齢別」「課題別」などの治療チームに配慮したユニットケアの導入が望まれている．一方，施設名称についても，「情緒障害」という用語は不必要な誤解や偏見につながる可能性があること，また長期的・継続的治療を必要とする子ども，被虐待児や発達障害児の急増にみられる対象の拡大等をふまえ，「児童心理療育施設」という新たな呼称が，全国情緒障害児短期治療施設協議会より提案されている．

3）不登校の子どもへの支援

文部科学省では，「不登校児童生徒」を，「何らかの心理的，情緒的，身体的あるいは社会的要因・背景により，登校しない，あるいはしたくともできない状況にあるため，年間30日以上欠席した者のうち，病気や経済的な理由による者を除いたもの」としている．「平成20年度学校基本調査」では，平成19年度間の長期欠席者（30日以上の欠席者）のうち，「不登校」を理由とする児童生徒数は12万9千人で，前年度より2千人増加し，とくに中学校での比率は過去最高値となっている（図表4―17）．

「不登校」の用語については，かつては「登校拒否」という言葉が用いられ

ていた時期もあった．しかし学校に行くのを拒否するというよりも，「行きたいと思っても行けない」という心身的な不調状態であることも多いことから，「登校拒否」という言葉は不適切とされ，現在では「不登校」という言葉がより適切な表現として用いられている．

　不登校の背景としては，まず，いじめや，競争的な学習環境に子どもがなじめないなど，現在の学校が抱える諸問題に起因するもののほか，心因性の病気によるもの，経済的な理由，保護者による子どもの虐待等により，学校への登校が困難になる場合がある．また，虐待については，近年，深刻さを増してきており，ネグレクト（養育の放任・拒否）には，保護者が学校に行かせない事例もみられる．さらには先述したように，LD，ADHD，高機能自閉症等の発達障害を抱える子どもの，友人関係を築くことへの困難や，学習のつまずきの積み重ねからくる自信や意欲の低下がもたらす二次的障害としての不登校も注目されている．

　不登校への支援にあたっては以下の5つの視点が重要である．

　第1に，将来の社会的自立に向けた視点である．不登校経験者は総じて進学率が低く，就職率や高等学校中退経験の割合も高い傾向が示されている．また，厚生労働省の調査（2005年）では，「ひきこもり」の状態にある人の60％以上が，過去に不登校の経験をもつことが報告されている．不登校の子どもの問題は，教育だけでなく生涯におよぶ問題として，子ども自身の社会的自立に向けて対策を検討する必要がある．第2に，連携ネットワークによる視点である．多様な問題を抱えた子どもの状態に応じたきめ細かい支援を提供するために，学校，地域，家庭での密接な連携や，子どもの居場所づくりや学習支援にとりくむ民間施設やNPOとの連携・協力が必要である．第3に，学校教育の意義・役割への視点である．子どもの社会性の育成や学力の形成における学校教育の重要な意義と役割を踏まえ，学校教育の充実と学校生活における問題の解決へ取り組むことが必要である．第4に，適切な働きかけや関わりへの視点である．子どもの状況をよく理解し，必要としている支援を提供しようとする

姿勢が求められる．第5に，保護者と家庭への視点である．保護者支援のための相談窓口の整備や家族会など，保護者同士のネットワーク作りへの支援，保護者と学校が相互に意見交換する姿勢と場の形成が必要である．

不登校の子どもの学習権を保障するために，文部科学省では，要件を満たすフリースクールなどへ登校することや，ITを活用した自宅学習をすることを認め，学校の出席日数に組み入れることが可能となっている．

また，2008年度から導入されたスクールソーシャルワーカー活用事業では，子ども本人と学校・家族との関係を調整しながら，不登校をはじめとした子どもと学校をめぐる諸問題にあたることとなっており，今後のスクールソーシャルワーカーの活躍が期待されるところである．

「子どもは社会の鏡」といわれる．子どもが示すさまざまな問題行動や，心理的な問題の様相は，社会の矛盾や混迷を反映したものである．子どもが真に健やかに育つことのできる社会のあり方が真剣に問い直されなければならない．

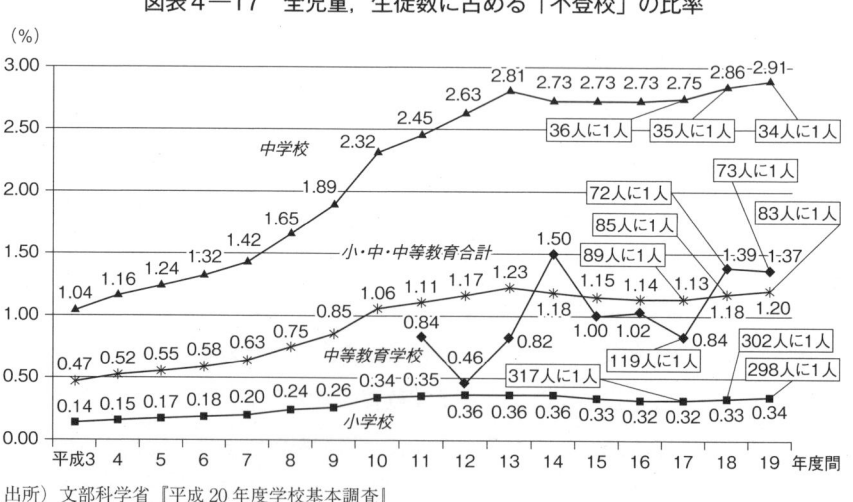

図表4—17　全児童，生徒数に占める「不登校」の比率

出所）文部科学省『平成20年度学校基本調査』

7. 母子保健と子ども家庭福祉

● キーワード ●

母子保健・保健師・訪問指導

(1) わが国の母子保健
1) 母子保健のあゆみ

わが国の母子保健は大正時代に始まる．当時は乳児死亡率がきわめて高かったため，その低減をめざし，1916（大正5）年から保健衛生調査会による母子衛生調査が行われるようになった．その後，自治体や民間の事業として全国主要都市に小児保健所が設置され，産婆による妊産婦巡回が行われるなどの取り組みがみられている．

1937（昭和12）年に保健所法が制定され，翌年には母子保護法と社会福祉事業法が制定された．これにより，母子の保護が，公衆衛生と社会事業の両面から展開されることとなった．しかし同時期にわが国は戦時体制に入ることとなったため，乳幼児の健康診査や保健指導，妊産婦手帳の創設などの事業は，すべて国力・兵力増強のための人的資源の保護育成というねらいのもとに実施されることになった．

戦後，厚生省（現厚生労働省）に児童局（現雇用均等・児童家庭局）が設置され，局内に母子衛生課（現母子保健課）がおかれ，母子保健行政の体系が整った．1947（昭和22）年の児童福祉法の制定と1948（昭和23）年の母子衛生対策要綱の決定により，対策がすすめられた．対策が展開されるなかで，健全な児童の出生および育成の基盤となる母性の保健について，妊産婦のみならずその前段階の女性の健康管理を含め一貫した対策の強化の必要性が求められるようになり，児童福祉の一部分として取り扱うことが困難となったことから，1965（昭和40）年に母子保健法が制定された．

この法律の制定により，母子の一貫した総合的な母子保健対策が推進される

ようになった．あわせて，児童の健全育成を図るための児童と妊産婦を対象にする母子保健から，対象と理念が拡大し，母性の保護と尊重，母性ならびに乳幼児の健康の保持・増進，母性および乳幼児の保護者自らが進んで母子保健に対する理解を深め，その健康の保持増進に努力するという母子保健の理念が示された．児童福祉法と母子保健法の2本柱のもとで，わが国の母子保健施策はいっそう推進される体制が整った．

2）母子保健の水準

母子保健の水準を示す指標として，乳児死亡率と周産期死亡率，妊産婦死亡率等が使用される．まず，乳児死亡率は，1年間の出生1,000に対する生後1年未満の死亡の割合である．乳児の健康指標であると同時に，地域社会の健康水準を示す指標として意味があるとされている．図表4—18に示すように，わが国の乳児死亡率はきわめて低く，世界のトップレベルを維持しているが，地域別にみても格差は小さくなっており，大きな地域差もみられなくなってきている．

次に，周産期死亡率は，妊娠満22週以降の死産率と生後1週未満の早期新生児死亡の出産（出生＋妊娠満22週以降の死産）1,000に対する割合である．母体の健康水準を示す指標として意味があるとされる．周産期死亡率についてもわが国は世界の最低率国のひとつであり，地域的にも大きな格差はみられない．

一方，妊産婦死亡率は，妊娠またはその管理に関連した，あるいはそれらによって悪化したすべての原因による（不慮または予期せぬ偶然の原因は含まない），妊娠中または妊娠終了後満42日未満の女性が出産10万に対する死亡した数を割合で示したものである．妊娠・分娩にともなう母体の死亡は，妊産婦のおかれている保健管理レベルを表す指標であり，先進諸国のなかで日本は比較的高かったが，最近では世界最低のグループに入ってきている．しかし，現在でもスイス，イタリア，スウェーデンなどに比べると高い．

トップレベルにある乳児死亡率の低さに象徴されるように，わが国の母子保健は国際的にみても高い水準にあるが，少子高齢化のなかにあって母子保健の役割はますます重要であり，さらなる推進が求められている．

3）母子保健の展開

今日の疾病構造の変化，ニーズの多様化，少子高齢化を背景として地域特性や社会福祉など関連施策との有機的な連携の推進が求められ，母子保健は新たな展開をみせている．

1994（平成6）年に地域保健法が改正され，住民に対し，健康相談，保健指導および健康診査その他地域保健に関し必要な事業を行うことを目的とする施設として市町村保健センターが位置づけられるとともに，あわせて母子保健法の一部改正が行われた．これにより，妊娠・出産・育児などの保健指導は，それまでの都道府県による事業から，市町村母子保健計画策定とともに市町村を主体とする事業となった（1997〈平成9〉年）．より地域の実情に沿ったサービス提供が身近に提供されることが志向されている．

こうしたなか，母子保健理念についても，それまでの発育状況の評価や疾病や障害の発見と対応を重視する「疾病指向型」から，子育てにかかわる情報提供や方法の指導，思春期から妊娠・出産を通して母性・父性をはぐくむことを重視する「健康志向型」へと理念の深化がみられている．

2000（平成12）年に，21世紀の母子保健の主要な取り組みを提示するビジョンとして「健やか親子21」が策定された．「健やか親子21」は，21世紀の母子保健の主要な取り組みを提示するビジョンであるとともに，2010（平成22）年までの母子保健の国民運動計画である．この計画に基づき，各都道府県，市町村において母子保健計画が策定され，地域の実情に合った母子保健計画・母子保健事業が推進されている．

また，2004（平成16）年の「子ども・子育て応援プラン」では，子どもの病気に対し適切に対応できる体制整備（小児救急医療の推進），子どもの健やかな

図表4—18　乳死亡率の国際比較

（出生千対）

国名＼年次	昭和25年(1950)	昭和35年(1960)	昭和45年(1970)	昭和55年(1980)	平成16年(2004)
日　　　　本	60.1	30.7	13.1	7.5	2.8
カ　ナ　ダ	41.3	27.3	18.8	10.4	5.4 02)
アメリカ合衆国	29.2	26.0	20.1	12.6	6.9 03)
オーストリア	66.1	37.5	25.9	14.3	4.5 03)
デ ン マ ー ク	30.7	21.5	14.2	8.4	4.4 03)
フ ラ ン ス	47.1	27.4	15.1	10.0	☆4.4 03)
ド　イ　ツ	55.5	33.8	23.6	12.6	4.4 03)
ハ ン ガ リ ー	85.7	47.6	35.9	23.2	7.3 03)
イ タ リ ア	63.8	43.9	29.6	24.5	4.6 03)
オ ラ ン ダ	25.2	16.5	12.7	8.6	4.8 03)
ポーランド	108.0	56.8	33.2	21.3	7.0 03)
スウェーデン	21.0	16.6	11.0	6.9	3.1 03)
ス　イ　ス	31.2	21.1	15.1	9.1	4.3 03)
イ ギ リ ス	31.2	22.5	18.5	12.1	5.3 03)
オーストラリア	24.5	20.2	17.9	10.7	4.8 03)
ニュージーランド	22.7	25.6	16.7	13.0	4.9 03)

注）① 1980年までは，旧西ドイツの数値である．
　　② 02) 2002 03) 2003
　　③ ☆は暫定値
資料）厚生統計協会「国民衛生の動向」
　　　厚生労働省「人口動態統計」
　　　WHO「World Health Statistics Annual」
出所）母子衛生研究会編『我が国の母子保健　平成20年』母子保健財団　2008年

成長の促進（予防接種の推進，食育の推進），妊娠・出産の安全・安心の確保（周産期医療ネットワークの整備）などの母子保健対策が盛り込まれている．

（2）母子保健対策

1）母子保健法

　先述したように，児童福祉施策の一部であった母子保健の向上に対する対策を強力に推進するため，母子保健の理念に基づき，総合的，体系的に整備した

母子保健法は1965（昭和40）年に制定公布された．

第1条（目的）には，「母性並びに乳児及び幼児の健康の保持及び増進を図るため，母子保健に関する原理を明らかにするとともに，母性並びに乳児及び幼児に対する保健指導，健康診査，医務その他の措置を講じ，もつて国民保健の向上に寄与すること」と定められている．

第2条（母性の尊重）では，「母性は，すべての児童がすこやかに生まれ，かつ，育てられる基盤であることにかんがみ，尊重され，かつ，保護されなければならない」と母性尊重の理念を掲げている．なお，ここでの母性とは，妊娠，出産，授乳という次世代育成にかかる特有の機能を果たす女性そのものを指す概念である．

第4条（母性及び保護者の努力）では，「母性は，みずからすすんで，妊娠，出産又は育児についての正しい理解を深め，その健康の保持及び増進に努めなければならない」，「乳児又は幼児の保護者は，みずからすすんで，育児についての正しい理解を深め，乳児又は幼児の健康の保持及び増進に努めなければならない」と国民の努力義務を定めている．

その他，自治体の行う保健指導（第10条），新生児の訪問指導（第11条），健康診査（第12条），妊産婦の訪問指導等（第17条），未熟児の訪問指導（第19条），養育医療（第20条）などが定められている．なお，訪問指導は新生児や未熟児でなくなった後においても，継続することができることとされている．

あわせて保護者らには，妊娠の届出（第15条），低体重児の届出（第18条）が求められている．

2）母子保健事業

母子保健対策の体系を図表4—19に示す．主要な母子保健事業の概要は以下のとおりである．

① 検査・健康診査

検査事業として，先天性代謝異常等検査，新生児聴覚検査，神経芽細胞腫検

査，B型肝炎母子間感染防止事業がある．

　健康診査事業として，妊産婦健康診査，乳児健康診査，1歳6ヵ月児健康診査，3歳児健康診査がある．妊産婦健診については，2007（平成19）年度以降は妊娠中原則として5回まで無料で受診できるようになった．ただし，市町村事業であるので，無料となる回数も含め，具体的な実施状況は市町村により異なる．また，乳幼児健診では発育や発達等を診査し，疾病または異常の早期発見に努めるとともに，保健指導や育児相談も行われる．

　② 保健指導・訪問指導

　保健指導には，妊婦およびその配偶者等を対象とする両親学級，乳幼児と保護者を対象とする育児学級・子育て教室，生涯を通じた女性の健康支援事業，育児等健康支援事業，食育等推進事業などがある．

　訪問指導には，妊産婦訪問指導，新生児訪問指導，未熟児訪問指導などがある．いずれも妊娠・出産や育児への不安を和らげたり，産後に起こりやすいとされる産後うつや虐待などの早期発見，予防のために効果が期待されている．さらに2007（平成19）年からは，「こんにちは赤ちゃん事業」が開始され，生後4ヵ月までの乳児のいるすべての家庭への訪問が可能になっている．

　③ 医療対策・療養援護

　医療対策には，周産期医療対策整備事業・総合周産期母子医療センター運営事業，母子保健強化推進特別支援事業，保育所に通所中の児童について，病気の回復期にあるが集団保育は困難である場合に，病院等に付設する施設で子どもを預かる病児・病後児保育事業（乳幼児健康支援一時預かり事業）がある．

　療養援護には，未熟児養育医療，妊娠高血圧症候群等療養援護，小児慢性特定疾患治療研究事業，小児慢性特定疾患児日常生活用具給付事業，療養指導事業，結核児童療養事業，特定不妊治療費助成事業がある．小児慢性特別疾患では，悪性新生物，慢性腎疾患，慢性呼吸器疾患，慢性心疾患，内分泌疾患，膠原病，先天性代謝異常，血液・免疫疾患，神経筋疾患等が対象となっている．

第4章 子どもと家庭の問題と福祉の展開

図表4—19 母子保健対策の体系

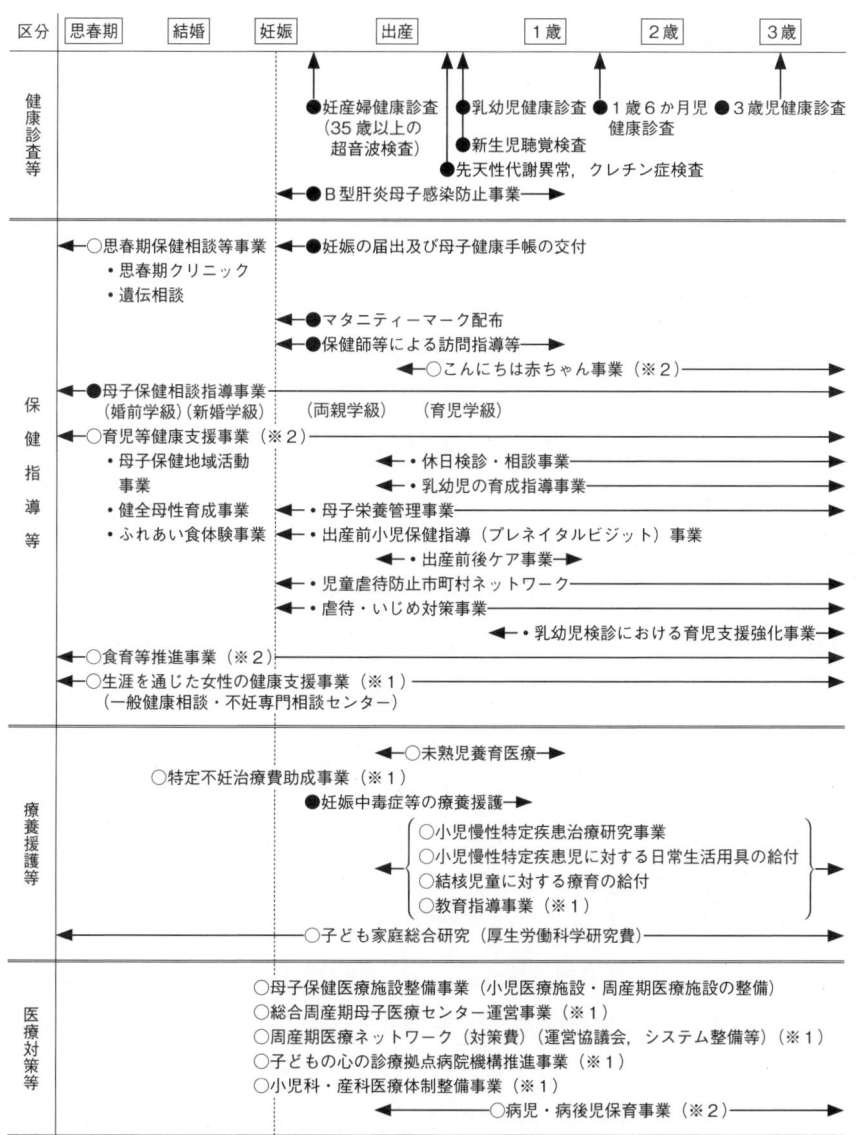

区分	思春期	結婚	妊娠	出産	1歳	2歳	3歳

健康診査等
- ●妊産婦健康診査（35歳以上の超音波検査）
- ●乳幼児健康診査
- ●1歳6か月児健康診査
- ●3歳児健康診査
- ●新生児聴覚検査
- ●先天性代謝異常，クレチン症検査
- ●B型肝炎母子感染防止事業

保健指導等
- ○思春期保健相談等事業
  - ・思春期クリニック
  - ・遺伝相談
- ●妊娠の届出及び母子健康手帳の交付
- ●マタニティーマーク配布
- ●保健師等による訪問指導等
- ○こんにちは赤ちゃん事業（※2）
- ●母子保健相談指導事業（婚前学級）（新婚学級）（両親学級）（育児学級）
- ○育児等健康支援事業（※2）
  - ・母子保健地域活動事業
  - ・健全母性育成事業
  - ・ふれあい食体験事業
- ●休日検診・相談事業
- ●乳幼児の育成指導事業
- ●母子栄養管理事業
- ●出産前小児保健指導（プレネイタルビジット）事業
- ●出産前後ケア事業
- ●児童虐待防止市町村ネットワーク
- ●虐待・いじめ対策事業
- ・乳幼児検診における育児支援強化事業
- ○食育等推進事業（※2）
- ○生涯を通じた女性の健康支援事業（※1）（一般健康相談・不妊専門相談センター）

療養援護等
- ○未熟児養育医療
- ○特定不妊治療費助成事業（※1）
- ●妊娠中毒症等の療養援護
- ○小児慢性特定疾患治療研究事業
- ○小児慢性特定疾患児に対する日常生活用具の給付
- ○結核児童に対する療育の給付
- ○教育指導事業（※1）
- ○子ども家庭総合研究（厚生労働科学研究費）

医療対策等
- ○母子保健医療施設整備事業（小児医療施設・周産期医療施設の整備）
- ○総合周産期母子医療センター運営事業（※1）
- ○周産期医療ネットワーク（対策費）（運営協議会，システム整備等）（※1）
- ○子どもの心の診療拠点病院機構推進事業（※1）
- ○小児科・産科医療体制整備事業（※1）
- ○病児・病後児保育事業（※2）

○国庫補助事業　●一般財源による事業
※1　母子保健医療対策等総合支援事業　※2　次世代育成支援対策交付金による事業
出所）母子衛生研究会編『我が国の母子保健　平成20年』母子保健財団　2008年

3）母子保健の機関

① 市町村保健センター

地域住民に対し，健康相談，保健指導，健康診査，その他地域保健に関し必要な事業などを行うことを目的として，特別区を含む市町村に設置される．主として市町村事業である老人保健，母子保健，予防接種などの事業を行っており，母子保健，老人保健の拠点として機能している．

② 母子健康センター

妊婦の栄養指導や新生児の育児指導，離乳食指導，予防接種，定期検診や育児相談など，母子保健に関する相談や保健指導を行うことを目的とする市町村の母子保健事業の拠点である．かつては助産機能も併せもっていたが，医療機関での分娩が一般的になったため，現在では保健指導部門のみとなっている．市町村に設置される．

③ 保健所

疾病の予防，健康増進，環境衛生等の公衆衛生活動の中心的機関である．都道府県，指定都市，中核市，その他政令で定める市，特別区に設置される．主な事業として，地域保健に関する思想の普及や栄養改善，食品衛生，環境衛生にかかわる諸事業，エイズ，結核，性病，感染症の予防対策などがあげられる．

4）母子保健の人材

① 保健師

保健師は，保健師助産師看護師法において，「厚生大臣の免許を受けて，保健師の名称を用いて，保健指導に従事することを業とする者」と定められている．主に自治体の保健所，保健センターに勤務する地域の保健師と企業の産業保健スタッフとして勤務する産業保健師，大学等で学生と教職員の心身の健康保持に努める学校保健師の3つに大別される．地域の保健師は母子保健分野において妊産婦，乳児等に対する訪問指導，保健指導を行い，地域の母子保健の

向上における中核的な役割を担っている．

②助産師

助産師は，保健師助産師看護師法において「厚生大臣の免許を受けて，助産又は褥婦若しくは新生児の保健指導をなすことを業とする女子」と定められている．助産師は妊娠・出産・子育てのみならず，女性の一生にわたる性と生殖にかかわる健康問題を中心に，必要なケアや保健指導を行う専門家であり，母子保健の分野では妊産婦，新生児等にかかわる保健指導等を行い地域の母子保健の向上に努めている．

③母子保健推進委員

母子保健推進委員とは，地域母子保健事業を保健師との連携の下に推進するボランティアである．地域の助産師，保健師，看護師または母子保健に関する経験があり熱意を有する者のなかから市町村長が依頼する．活動の範囲は市町村により異なるが，保健師を助けて訪問活動を担うこともあるため，地域の実情をよく把握しているとともに，リスクのある妊産婦や児童を発見し保健師の支援につなげるなど，ボランティアといえど対人援助の基礎的な力量を備えていることが望まれる．適切な人材の確保にあわせ，市町村による母子保健推進委員への研修の実施が必要である．

④その他の専門職

母子保健にかかわるそのほかの専門職には，地域での健康づくりのために栄養指導を行う栄養士，管理栄養士，健診等で心理的問題への相談・指導を行う心理相談員，療育機関で訓練指導にあたる理学療法士，作業療法士，言語聴覚士らがあげられる．

(3) 母子保健の課題

1) 母子保健の今日的課題

「健やか親子21」では，20世紀中に達成できなかった課題の早期解決や，20世紀終盤に顕在化し今後の深刻化が予測される課題に対する対応について，21

世紀の母子保健において取り組むべき課題が示されている．主要な課題とその背景は以下のとおりであり，課題達成に向けて，関係者，関係機関，団体の取り組み内容を明確化し，子どもの育ちと親を支援する地域社会実現のための取り組み強化が求められている．

① 思春期の保健対策の強化と健康教育の推進

思春期の人工妊娠中絶や性感染症や薬物乱用等の増加，心身症，ひきこもりなどの心の問題が社会問題化しており，改善に向けての努力を強化しなければならない．

② 妊娠・出産に関する安全性と快適さの確保と不妊への支援

わが国の母子保健水準は世界のトップクラスだが，妊産婦死亡率にはさらに改善の余地が残されており，妊娠・出産に関するQOLの向上をめざすことも時代の要請である．

③ 小児保健医療水準を維持し，向上させるための環境整備

少子・高齢社会で生まれた子どもが健やかに育つような支援が小児保健と医療の主要課題である．小児病棟の閉鎖・縮小などの問題が生じているなか，これまでわが国が達成した世界最高レベルの小児保健医療水準を維持し，向上させるための取り組みが必要である．

④ 子どもの心の安らかな発達の促進と育児不安の軽減

子どもの心の発達は一番身近な養育者の心の状態と密接に関係する．心の健康のためには，親が育児を楽しめるような環境整備が求められている．児童虐待対策も母子保健主要事業として位置づけ，取り組みが必要である．

2）子育て支援と母子保健

子育てをめぐる社会環境の変化は，育児に関連する不安や負担を高めており，なかでも母親に集中的にもたらされている．こうしたなかで母子の社会的孤立を予防し，母性の保護と子どもの健全育成をはかるため，地域における子育て家庭への総合的かつ積極的な取り組みが求められている．子どもの養育に

ついて支援が必要でありながら，自ら支援を求めていくことが困難な状況にある家庭への支援については，従来の「通所型」だけではなく，家庭訪問等の積極的なアプローチ，すなわち「訪問型」による支援が必要である．

　従来，母子保健分野で行われていた妊産婦や新生児への訪問指導は，現行の子育て支援事業のもとでの「訪問型」支援として期待が大きいが，自治体によって実施状況に差があった．2007（平成19）年から開始された，生後4ヵ月までの乳児のいるすべての家庭を訪問する「こんにちは赤ちゃん事業」は，2008年度の児童福祉法改正により，同法に基づく乳児家庭全戸訪問事業となった．この事業はすべての家庭に対する訪問による支援として，きわめて重要な位置づけにある．

　この事業では，保健師や助産師らが育児の不安や悩みに関する相談に応じるほか，子育て支援についての情報提供も行うこと，また，養育環境を把握し，支援が必要な家庭には，適切なサービス提供を検討すること，市町村や医療機関との連絡調整も行うことなどが示されている．また，親が精神的に不安定な状態にあるなど，何らかの支援が必要と判断されれば，医師やソーシャルワーカーなどで構成するケース会議を開いて対策を協議し，育児支援訪問事業をはじめとした適切なサービス提供につなげることが求められている．

　子育て家庭への支援は，多領域にわたる専門機関・専門職の連携，地域との協働が必要である．以下は，保健センターと地域子育て支援拠点との連携の一事例である．

【事例】「保健センターと地域子育て支援事業の連携」
　Eさんは，地方都市の保健センターに勤務する保健師である．
　今日は，Eさんの担当地域にある地域子育て支援拠点（ひろば型）のスタッフとケースカンファレンスが行われた．1歳半健診の際に言葉の遅れや対人関係の育ちの弱さが気になった子どもの母親に，Eさんがひろばの利用をすすめていたのだ．ひろばスタッフによると，子どもは遊びのなかで興味の広がりが

みられ，母親もスタッフの仲立ちによりママ友達ができ，ひろばには毎日のように通っているが，他の子どもとわが子を比較し戸惑っているようにもみえるそうだ．今後の方針として，ひろばで引き続き，子どもの育ちへの支援を行うこと，母親の不安を受け止めること，ひろばでの育児相談会でＥさんから母親へ助言をすることを話しあった．子育て支援拠点との連携により，支援が継続してできることをＥさんは改めて実感した．

　地域のすべての母子がいっそう健やかに育つための支援の充実にむけて，母子保健と子ども家庭福祉との連携・協働は不可欠であり，具体的な支援場面で連携・協働を実践することが求められている．

注
1）厚生省児童家庭局家庭福祉課監修「児童自立支援ハンドブック」1998 年 p. 18
2）須藤八千代『母子寮と母子生活支援施設のあいだ』明石書店，2007 年，p. 111 において，福島三恵子著『母子生活支援施設のあゆみ―母子寮の歴史をたどる』2000 年の記述紹介．
3）北川・小林編『子どもと家庭の支援と社会福祉』ミネルヴァ書房　2008 年
4）竹原健二編『現代障害者福祉学』学文社　2004 年　p. 53

参考文献
児童手当制度研修会監修「児童健全育成ハンドブック平成 19 年度版」中央法規　2007 年
児童健全育成推進財団「児童館　理論と実践」財団法人児童健全育成推進財団　2007 年
厚生労働省編「平成 18 年度版　厚生労働白書」ぎょうせい　2006 年
内閣府「少子化社会白書（平成 19 年版）」ぎょうせい　2007 年
福祉士養成講座編集委員会編『新版社会福祉士養成講座，児童福祉論（第 3 版）』中央法規　2005 年
千葉茂明編『エッセンシャル児童福祉論』みらい　2007 年
山野則子・金子恵美編著『児童福祉』ミネルヴァ書房　2008 年
福知栄子『子どもの育ちと家族援助』高菅出版　2006 年

Cocker, C. and Allain, L. (2008) Social Work with Looked after Children, Exeter: Learning Matters Ltd.
Department of Health (2000) Framework for the Assessment of Children in Need and their Families, HMSO
厚生労働省「平成20年版　母子家庭の母の就業の支援に関する年次報告」2008年
厚生労働省「全国母子世帯等調査」2006年
警視庁『警察白書』各年版
法務省『犯罪白書』各年版
厚生労働省「『児童自立支援施設のあり方に関する研究会』報告書」
情緒障害児短期治療施設協議会「子どもの未来をはぐくむために──情緒障害児短期治療施設の近未来像」
高野陽ほか編『改訂6版　母子保健マニュアル』南山堂　2008年
母子衛生研究会編『我が国の母子保健　平成20年』母子保健財団　2008年
庄司順一『フォスターケアー里親制度と里親養育』明石書店　2003年
「厚生労働省雇用均等・児童家庭局総務課長通知　子ども虐待対応の手引き」2007年
児童自立支援対策研究会編『子ども・家族の自立を支援するために──子ども自立支援ハンドブック──』日本児童福祉協会　2005年

参考となるサイト
厚生労働省HP　http://www.mhlw.go.jp/
警察庁HP　http://www.npa.go.jp/
文部科学省HP　http://www.mext.go.jp/
全国学童保育連絡協議会HP　http://www2s.biglobe.ne.jp/~Gakudou/
i－子育てネット（全国子育て支援ネットワーク）HP　http://www.i-kosodate.net/
全国保育士会HP　http://www.z-hoikushikai.com/
全国乳児福祉協議会HP　http://www.nyujiin.gr.jp/
全国児童養護施設協議会HP　http://www.zenyokyo.gr.jp/
全国里親会HP　http://www.zensato.or.jp/
全国母子生活支援施設協議会HP　http://www.zenbokyou.jp/
DINF（障害保健福祉研究情報システム）HP　http://www.dinf.ne.jp/
全国情緒障害児短期治療施設協議会HP　http://www.geocities.co.jp/
児童健全育成推進団体HP　http://www.jidoukan.or.jp/

第5章 これからの子ども家庭福祉

1.「子どもの最善の利益」の具体化

● キーワード ●
子育て支援・親としての成長・ウェルビーイング

(1) 児童福祉から子ども家庭福祉へ

　子ども期は，人格形成の基盤となる重要な時期であるとともに，単に大人への準備期間ではない固有の意味をもつ時期である．また，たとえば，児童虐待を受けた子どもが，身体的または精神的な後遺障害を抱えたり，その子どもに児童虐待をしてしまう，世代間連鎖のケースがみられるように，育ちの途上にある子ども期の権利侵害は，成人期を規定するとともに，再生産される可能性をもつ．それゆえ，子どもの福祉対策は，育つ存在という子どもの特性に配慮しながら，子ども自身への対策と同時に，子どもの育ちの基盤である家庭への対策の双方を進め，子どもの健全育成をはかってゆく必要がある．少子化が顕在化し，子どもを健やかに産み育てる環境づくりが課題となるなか，子育て支援をキーワードに，児童福祉から子ども家庭福祉へと，対策の展開にともなった概念の拡充がみられる．

すべての子どもに幸福な子ども期を保障するために，「子どもの最善の利益」を考慮するとともに，子ども家庭福祉の仕組みとサービス提供はそれを具体化するものであることが求められる．そのために検討すべき課題を以下に列挙する．

（2）家庭の尊重と社会

保護者が第一義的な責任のもとに行う家庭における子育ては，私的な営みであり，養育責任と一体的に，保護者の子育て方針や，それぞれの家庭の文化が尊重される．しかし，子育て支援にみられるように，これまで私的責任で行われてきたことへの公的責任による支援サービスの展開など，社会による支援や介入なども併せて重視される．児童福祉法にも定めるように，すべての国民に子どもの健全育成への努力義務が求められるとともに，児童育成の責任は，保護者のみならず国や地方公共団体にも求められているからである．

とくに児童虐待問題については，これまで以上に，社会による介入を迅速かつ適切に行えるしくみや，それを補完する地域や民間の取り組みが求められている．また，児童虐待を予防するためにも，地域における子育て支援サービスの展開が求められるところであるが，サービスを一方的に提供するのではなく，サービス利用を通じて，子どもと家庭のエンパワメント（本来もっている力を回復・発揮すること）を志向することが肝要である．

（3）家庭的環境の保障

子どもは家庭的環境で育つ権利を有している．本来の家庭で生活することができなくなり，社会的養護サービスを受ける場合でも，家庭的環境が保障されなければならない．しかし，わが国の社会的養護は施設養護が突出しており，里親養育は未成熟である．里親養育の活性化へ向けた対策強化とあわせ，施設養護においても小規模ケアを実現することと，その推進のために児童福祉施設最低基準の抜本的改善が求められる．

（4）専門職の専門性向上

　子ども家庭福祉の改革が相次いで行われ，子育て支援事業など，新しいサービスが展開しつつある．保育士など，従来から活躍している専門職がその職務範囲を広げて新しいサービスにあたる場合と，つどいの広場事業における子育てアドバイザーのように，新たな従事者が生まれる場合がある．いずれにしても，子ども家庭福祉の従事者は，子どもと家族双方を支援する方法・技術を実践のなかから見出し，必要な研修も受講しながら，専門性を向上させてゆかなければならない．

　また，子どもと家庭の抱える問題の重層化や深刻化の傾向も存在することから，とくに困難をかかえる子どもと家庭を支援する子ども家庭福祉領域の専門職は，医療・保健・心理・教育など，関連領域の知識や技術も取り入れたり，他専門職種や関連機関とのネットワーキングにも配慮してゆかなければならない．

2．親の成長を考える

（1）近年の子育て支援事業の展開

　2003年「次世代育成支援対策推進法」が策定され，2005年にはすべての自治体において次世代育成支援のための行動計画がスタートした．これにより，子育て広場，子育てサロン，自治体独自の子育て支援センター等の活動が急速に増大してきている．さらに，「子どもと家族を応援する日本」重点戦略等を踏まえ，子育て支援に関する事業の制度上の位置づけを明確にするため，児童福祉法の一部改正が国会において決定された（平成21年4月施行）．これによると，①乳児家庭全戸訪問事業（いわゆる生後4か月までの全戸訪問事業），②養育支援訪問事業，③地域子育て支援拠点事業，④一時預かり事業，について法律上位置づけるとともに，省令で必要な基準等を設け，都道府県知事への届出・指導監督等にかからしめることとするものである．

2節では，このような地域子育て支援事業の機運が高まるなか，地域子育て支援として親の成長を支援するとはどのようなことかについて考えてみたい．

(2) なぜ親の成長支援が必要なのか

子育て支援とは，子どもや親が本来もっている自ら育つ力を発揮できる環境を保障することにほかならない[1]．しかし支援のあり方によっては，親たちをサービスの受け手にさせ，依存的で未熟な親たちを生み出すこともある．親子の来場をねらい，過剰なサービスを提供することは，サービスの受け手である親たちがあちこちの場を渡り歩くという現象を生みだし，与えられることに慣れるという依存的傾向を高める場合も少なくない．これまでの量的拡充への取り組みから，取り組み内容の質的な検証が必要になってきている．

子どもの発達にも段階があるように，親自身も子育てしながら段階的に発達していく．中野由美子[2]は現代の母親の子育ての現状について，①子どもを知る経験が乏しくなっている，②体験不足によって情報に依存している，③子育てをファッション化・外注化する，④親になる前後のギャップが大きくなっている，⑤育児環境ともなる親の人間関係が狭くなっている，⑥親が育つ環境の乏しさと未熟な親の子育てをあげている．このように，家庭での教育力の脆弱化が指摘されている現代社会においては，とくに社会として親の成長を支援していくことが求められている．

(3) 親の成長支援としての子育て支援のあり方

子育て支援の考え方は，親への指導・助言ではなく，支援・援助・サポートであり，親の主体性を尊重しながら，ともに子育てをするという態勢が求められる．つまり援助を通し，子育てをめぐる豊かな人間関係を地域に構築し，「行政，施設，組織，住民活動の支えのなかで子育てコミュニティーが形成されていくこと」[3]である．子ども同士の交流が，心身の発達を促進するように，子育てコミュニティーにおける親同士の交流もまた，親としての成長を促す可

能性がある．身近な経験者から学ぶ，あるいは同じ状況を経験している人とともに考えあうことにより，わが子への理解が深まったり，親としての自分自身のあり方を考えるきっかけにつながることもあるだろう．つまり，子育て支援によって親子の育ちを支えるとは，子育て支援の援助者が親に何かを教え込み育てるというものではなく，身近な相談相手として寄り添いながら親の主体性をいかに育てるかであり，そうした支援によって親としての成長を促すものである．

（4）園での親の成長支援取り組み事例

本来は，子育て支援とは親の育児負担を量的に減らすことをねらいとしているものではなく，親の成長を支援するものである[4]．つまり，親の育児負担を量的に減らす支援を行うことは重要であるが，子どもを育てる親自身が成長変化していかなければ親子関係の質は変化していかないだろうし，子どもの健やかな育ちにはつながらないだろう．ここでは，園で行う保育に親が参加することを促すことによって，親の気付きや学びを支援する取り組みを紹介しよう．この取り組みをとおした親の学びの内容を以下のように示している．

図表5—1　保育参加や保育アシスタントで親が学び感じていること

①子ども理解を深める観点から	・子どもの様子や子どもの世界がわかった 　ものの感じ方・興味や関心．子どもによる違い・友だちとのかかわり方，異年齢とのかかわりなど ・子どもの成長の様子が捉えられた ・楽しさや感動を子どもと共有できた
②保育理解を深める観点から	・遊びや活動の大切さを感じた ・保育内容の理解が深まった 　保育や活動のねらい・目標・配慮点など ・保育の楽しさや難しさ，大変さなどわかった ・子どもに応じたかかわりを考えるようになった
③自分自身のあり方を考える観点から	・保育に役立てた喜びを感じることができた ・子どもへのかかわり方を考えるようになった ・自分らしく子どもや保育者，園とかかわるようになった

出所）友定啓子『保護者サポートシステム—もう一つの子育て支援—』フレーベル館　2004年

親が保育参加することは，自分には見えなかったわが子の姿を知ることになるだろう．つまり，わが子を含めた子ども理解を深める，保育理解を深める，親が自分自身のあり方を考えるといったことを促すことにつながる．親の保育参加活動は，親としての成長支援として大変有効であるととらえることができる．

(5) 親としての成長の内容（子育て期にある親への調査から）

親であるということは，個人として生きること以外に，親としての責任のもとに養育しなければならないという義務が付加されている．そのため，自分の思い通りにならない葛藤，喪失感を抱きながらも，子どもを養育することから逃れることが難しく，そのなかで親役割を遂行し続けなければならないという葛藤がある．さらに核家族化，地域社会のつながりの希薄化が進行する現代社会においては，子育ての孤立化が進み，さまざまな子育て環境における問題を生み出している．

ところで，"育児は育自"といわれるように，子どもを育てることを通じて，それまで経験することがなかったことを体験したり，子どもをもつ前には気がつかなかったことに気づくということがある．柏木惠子・若松素子[5]は，親となってからの変化には，「柔軟さ」「自己抑制」「運命・信仰・伝統の受容」「視野の広がり」「生き甲斐・存在感」「自己の強さ」の6つがあることを示している（図表5－2）．つまり，親自身が親になって柔軟になったとか，自分本位の考え方をしなくなったとか，視野が広がったとか，自分の立場や考えを主張するようになったなどという面で，成長を感じていることがうかがえる．子どもの誕生にともなう生活や生き方の変化により，親の人格の変化だけでなく，ものの見方や考え方にも変化がみられるのである．そして，育児や子どもに対する肯定的な感情を親がもっている場合，父親も母親も親となって変化・発達したという意識をもつこと，また母親が育児に対して強い制約感をもっている場合は，とくに柔軟さや生き甲斐・存在感を持ち難いことから，親としての成長は

子どもや子育てに関わる親の感情と深く結びついているということが明らかにされている.

親としての成長を促すためには，社会として，育児に関わる負の感情をできる限り解消する場を保障したり，正の感情を改めて振り返ったり，より豊かにすることができる支援内容が求められるといえるだろう.

次に，親自身の語りにみられる子どもを育てることを通しての変化について，事例を紹介しよう.たとえば,「わが子がいないときにはまったく子どもに興味がなかったが，他人の子どもが気になりだした」(33歳，2児の父親)や,「社会とのつながりを深く考えるようになった.具体的には他人への言葉のかけかたから社会システムに関するものなど，以前は直接関係ないことと思っていたが子どもを介してつながっていることを実感している」(39歳，1児の

図表5—2　親となることによる成長・発達

柔軟さ	角がとれて丸くなった 考え方が柔軟になった 他人に対して寛大になった いろいろな角度から物事をみるようになった
自己制御	他人の迷惑にならないように心がけるようになった 自分のほしいものなどを我慢できるようになった 自分本位の考えや行動をしなくなった
視野の広がり	環境問題（大気汚染・食品公害）に関心が増した 児童福祉や教育問題に関心をもつようになった 日本や世界の将来について関心が増した
運命・信仰・伝統の受容	人間の力を超えたものがあることを信じるようになった 長幼の序は大切だと思うようになった 信仰や宗教が身近になった 物事を運命だと受け入れるようになった
生きがい・存在感	生きている張りが増した 自分がなくてはならない存在だと思うようになった 子どもへの関心が強くなった
自己の強さ	自分の健康に気をつけるようになった 多少他の人と摩擦があっても自分の主張は通すようになった 自分の立場や考えはちゃんと主張しなければと思うようになった

出所）柏木惠子「親子関係の研究」柏木惠子・高橋惠子編『発達心理学とフェミニズム』ミネルヴァ書房　1995年

父親),「子どもを産んだことで自分自身がはじめて好きになった.育てていくという責任感ももつようになった」(37歳,1児の母親)などである.

　このように,子育てをとおした親自身の成長の具体的な姿が明示されていることは非常に興味深い.子育て支援においては,親たちの子育ての悩みを受容するだけでなく,子育てをとおした成長の方向性について親たちに普及啓発していくことは子育てに翻弄されている親たちへの大きな励ましとなるだろう.

　ところで,子育て経験による人間の発達は,わが子(だけ)を愛情深く上手に育てるスキルを身につけることに限定されない.エリクソン (Erikson, E. H.)[7]は人間の一生を8つの発達段階に分け,各段階に解決すべき発達課題を示している.子どもを生み育てる時期は第7段階の成人期であり,発達課題は「生殖性」とされている.「生殖性」とは文字通り子孫を産み育てることのほか,新しい存在,新しい観念などを生み育てることである.生み出し,面倒をみ,世話をすることにより,わが子を含めた次世代を生み出し,世界を維持し,継承していくという成人としての発達の方向性が説かれている.

　親は,子どもを育てる現実のなかでさまざまな課題に直面し,それまでの自分自身の考え方の変容を迫られる経験をする.そのような葛藤経験とそれに取り組む具体的行動のなかで,「子どもを育てる」ことと「自分の人生を生きる」ことが統合され,現在を生きる親としての自分自身,1人の人間としての自分自身を全体として肯定的にみる視点が見出される.先に示した自由記述の事例はこのことを端的にあらわしているといえよう.

(6) 親の成長と子どもの福祉向上

　家庭教育力の低下,地域とのつながりの希薄化が危惧されるなか,育児不安,児童虐待といった社会問題が発生している.子どもが健やかに育つためには,家庭が健全な状態であることが最も基本的な条件である.つまり,親への支援は子どもの心身の健やかな成長に資する環境整備であり,子どもの福祉向上に直結する.親に対して家庭教育の重要性を再認識させ,子育てに関する知

識や自分の子育てを振り返る機会を積極的に提供することで親の成長を促し，家庭の教育力を充実させていく必要がある．

　ライススタイルの多様化が急速に進む現代社会は，子育ての意義が見出しにくい時代であるといわれる．子育ては人間的成長につながる貴重な体験のひとつであり，人生を豊かにする方法のひとつであるという子育ての積極的意義を示していく必要があるだろう．子どもを生み育てることの本質的価値を親に伝えることを抜きにしては，いかに経済的，社会的支援を行おうと，少子化はとどまることはないだろうし，また子どもの福祉にもつながらない．

(7) 人から人への次世代育成力を支援する体制の再建

　地域活動のなかで，育児サークルを経験した母親が，幼稚園や保育園で役員をするようになったり，子どもたちの教育環境の改善を考え，行政や政治に関心をもち立ち上がっていく母親が増えたりする姿を目にする．つまり，わが子の幸福を願うところから出発した子育てが，子育てをするなかで，隣の子も，地域の子も，そして日本の子どもたちの未来をと，子どもの福祉を願う存在へと成長していくのである．1人の親が，視野が広がるという方向で，主体性を十分に発揮できるようになるための要因は何だろうか．その要因のひとつに，地域社会が1人ひとりの子どもの育ちに関わり，また親を支援するという形で子育てに参加していくという視点があげられる．つまり，社会としての子育て責任を担うという考え方である．このような考え方を考える上で参考になる研究を紹介しよう．

　齋藤幸子・星山佳治・宮原忍[8]は，子どもの発達に及ぼす要因について，①成育家庭の雰囲気が自由で開放的・ユーモアと安らぎがあること，②両親は価値観が共通し，互いに個性を尊重していたこと，③同世代・異世代を含む家庭外での多様な人との触れ合う経験が豊富であったことの3つを指摘している．①成育家庭の雰囲気，および②両親の価値観が共通している，互いに個性を尊重しているという家庭環境が子どもの発達と重要な関わりをもつことは

これまでもたくさんの先行研究により示唆されてきた．この研究ではさらに③家庭外での人との交流の重要性が示唆されている．このことは，地域社会においての人間関係の希薄化という現代的課題に対して大きな意味をもつだろう．つまり，地域社会が連携で結ばれていた以前の子育て環境を復帰させるという補完的意味での地域子育て支援ではなく，同世代・異世代を含む家庭外での対人経験をもつことが，よりよい子どもの発達に不可欠であり，そのような地域環境の整備が最重要課題であるとの認識をもつ必要がある．現在の子どもたちが，将来親になって子育てをするとき，次世代を育成していく力として再生されるからである．したがって，家庭および家庭外の地域・学校・企業内などそれぞれの場面で，人から人への次世代育成力の継承・再生産が行われる体制の再建こそが今求められているのである．

3．子どもと家庭を支えるネットワーク

（1）全国にひろがる子育て支援の取り組みとソーシャルワーク

1994年，少子化対策のためのエンゼルプランで子育て支援がはじめて政府によって提起された．そして1997年の児童福祉法の改正では，保育所に乳児，幼児等の保育に関する相談，助言の役割が位置づけられた．さらに2000年度から施行された保育所保育指針では，保育業務に加え，地域における子育て支援の業務が追加された．こうして保育士は，子どもの保育というケアワークの業務に加え，子育て支援というソーシャルワーク機能を果たすことが求められることとなった．また2001年に文部科学省から提起された幼児教育振興プログラムでも，幼児期の家庭教育および地域社会における子育て支援の充実が提起された．これを契機に全国の保育所，幼稚園において，いわゆる未就園児とその親を主な対象とした子育て支援の取り組みが広がっていった．

そして2004年に出された子ども・子育て応援プランで，地域社会全般において広く次世代を育成すべき課題が提起された．これを契機に，地域の住民に

よる子育て支援活動も急速に広がっていった．

（2）事例を通して考える子育て支援活動と支援ニーズ

【事例1】短期大学付属幼稚園での活動と保育学生の学び

F短期大学付属幼稚園では，毎月1回未就園の会「たんぽぽ広場」を開催し，毎回30から50組の親子が参加している．プログラムの内容は，幼稚園の子育て支援担当の保育者が計画した親子活動と，短期大学の保育学生が担当するふれあい遊びとエプロンシアターなどの出し物である．

また，親子を分離し，保護者のグループワークと子どもの活動を並行実施する機会も設けている．保護者のグループワークでは，保育学生が進行役になり，自己紹介や子育ての悩みの交流，手づくりカードへわが子へのメッセージを書くなどを行っている．このとりくみは，保護者側からは保護者同士の交流や学生が真剣に子どものことを聞いてくれることが評価されている．また，保育学生は，子どもとのふれあい，子育ての実情を学ぶとともに，子育て体験に対する傾聴ニーズ，一時保育のニーズ，保護者の交流ニーズを体験的に学ぶ貴重な機会となっている．

【事例2】自主的子育てサークルの活動

人口1万人ほどの島に住むAさんは，子どもが2歳のときに，少子化が進む地域環境のなか，子育てを通じての親子のつながりを求めて，子育て仲間の母親らと自主的な子育てサークルを立ちあげた．はじめは週に1回ずつ集まり，自由なおしゃべりや遊びを行っていたが，3年目からは会全体の交流を深めたいと考え，会費を徴収し，中心メンバー5人で企画を立て，クッキングなどみんなが協力して活動を行うお楽しみ会や子育て講演会を行うようになった．保健師の協力も得て，健診で会への参加を呼びかけてもらうことで，常時10～20組の親子が参加するようになった．

4年，5年と活動が重なるにともない，中心メンバーの参加が難しくなって

きた．企画運営に参加してくれる新しいメンバーを募っているが，なかなか見つからない．活動の継続や発展のためには，子育て当事者が世代交代しながら運営するだけではなく，地域からの支援や参画が必要だと考えたAさんは，公民館や社会福祉協議会などにも相談し，公民館の活動や，地域のボランティア，高齢者の会などを紹介してもらった．

　人口の多い都市部，少子高齢化が進む地域共通に，子育て中の親がつどい，活動する場を求めるニーズが高くなっている．現在，地域での子育て支援は多様な形で取り組まれているが，1節でもみたように，親と子ども双方の育ちと地域社会のつながりの回復に寄与できる取り組みが求められている．

　地域での子育て支援の活動は，子育て中の親子に家庭以外の居場所を提供し，親同士がつながり，共に子育てができる地域環境を保障するコミュニティワーク機能，親同士，親子同士が共に学び支えあい，成長していくことを保障するグループワーク機能，個別の悩みを傾聴し，共感すると共に，必要な社会資源とをつなぐケースワーク機能とが臨機応変に組み合わされて提供されたとき，その効果がもっとも大きくなるといえる．

4．子どもと家庭のウェルビーイング

(1) ウェルフェアからウェルビーイングへ

　戦後の児童福祉は，戦災孤児などの要保護児童対策や就労する保護者の子どもの昼間の養育を保障する保育対策，心身障害児の療育や生活を保障する障害児対策，ひとり親家庭の経済的支援対策など，要保護児童対策を中心とした補完的，代替的な支援対策を中心として発展してきた．
　しかし，成熟した社会となってきた近年では，個人の権利や自己実現が保障され，人間的に豊かな生活を保障することが児童福祉も含めた社会福祉の目標概念となってきた．

このように，児童福祉を含む社会福祉の理念は，対象を限定した最低限度の生活保障を行う狭義の社会福祉であるウェルフェア（welfare）から，すべての人間が人権を保障され，人間的に豊かな生活を保障することを目標とする社会福祉である，ウェルビーイング（well-being）への転換が必要であるとの指摘がなされている．

国連の世界保健機構（WHO）憲章によると，「健康とは身体的・精神的・社会的に良好な状態（well-being）であって，単に病気ではないとか，虚弱ではないということではない」と定義づけている．ウェルビーイングは，この「良好な状態」の概念を現代的ソーシャルワークの理念として用いた概念である．

児童福祉においても，親の保育や養育を代替，補完する福祉から，すべての子どもおよびその親たちが，自己の能力を最大限発揮しながら，生き生きと主体的に生きる状態，すなわちウェルビーイング（良好な状態）にしていくという目標を明確にするために「子ども家庭福祉」と表現されることが多くなった．

(2) 国の子育て支援対策の変遷と新たな課題

1994年のエンゼルプランにより，はじめて政府から子育て支援対策が提起されてから15年が経過した．エンゼルプラン，新エンゼルプランが実施された当初の10年間は，乳幼児保育，延長保育，一時保育，地域子育て支援センターの充実など，保育所機能の充実発展の施策が中心であったが，2004年に提起された子ども・子育て応援プランにおいては，①若者の自立とたくましい子どもの育ち，②仕事と家庭の両立支援と働き方の見直し，③生命の大切さ，家庭の役割等についての理解，④子育ての新たな支え合いと連帯などを柱とし，地域社会全般において広く次世代を育成すべき課題が提起された．また2003年には，次世代育成対策推進法が施行され，2005年から市町村や301人以上の企業に一般事業主行動計画を立てることが義務づけられることとなり，子育ての責任を保護者とともに国，自治体，地域，企業など社会全体で担

っていく方針が打ち出された．

　こうして，国の子育て支援政策は，保育所機能の充実発展を中心とした施策から，地域社会の雇用や生活，教育のあり方全般の見直しを提起する内容へと変化してきている．また近年は，バブル経済の破綻を契機にした構造改革の進展や，アメリカの金融危機に端を発した世界同時株安による雇用不安の増大にともない，子育て家庭への新たな貧困対策や社会保障対策の必要性も再び重要な課題となってきている．近年多くの父親たちは，不安定雇用やリストラの不安におびえながら長時間労働に励み，専業主婦となった母親たちは，孤立した子育てを余儀なくされている場合が少なくない．

　したがって，子育ての責任を一手に引き受けている母親と子どもたちと地域のさまざまな大人たちとをつなぐとともに，母親の就労を支援したり，父親も子育てに参加できる条件を整え，社会全体が子育てを担う子育て支援社会をつくっていくことが，緊急の課題となっている．また雇用の不安定化にともない，これまで以上に離婚が増加し，ひとり親家庭や要保護児童の増加も見込まれ，新たな要保護児童対策の充実も課題となってきている．

　したがって，これからの子ども家庭福祉対策は，要保護児童対策も含めて，国による支援対策の充実と，地域を基盤として，住民の主体的な力で問題を解決できる地域づくりと子育て支援政策とが有機的に結びついた子育て支援社会の構築が大きな課題である．

（3）行政主導型子育て支援から住民主体型子育て支援へ

　2003年に次世代育成対策推進法が施行され，当初は国と都道府県のみに次世代育成支援計画の策定が義務づけられていたが，2005年度からは市町村でも支援計画の策定が義務づけられた．次世代育成対策推進法では，第3条の基本理念において，「次世代育成支援対策は，父母その他の保護者が子育てについての第一義的責任を有するという基本的認識の下に，家庭その他の場において，子育ての意義についての理解が深められ，かつ，子育てに伴う喜びが実感

されるように配慮して行われなければならない」と保護者が子育ての喜びを実感できる社会を，国や地方公共団体，企業などが地域住民と協力してつくりあげていくことをうち出している．

しかし，子育ては，人びとの生活の営みそのものであり，子育ての喜びを実感できるか否かは，その人の価値観やこころの問題，生活スタイルともかかわるセンシティヴな事柄である．したがって，次世代育成支援対策推進法の基本理念を達成するためには，国の子育て支援策を忠実に実行するいわゆる行政主導型の行政ではなく，住民自身が主体となって子育て支援社会を作り上げていく住民主体の地域づくりを支援していく必要があるのである．

（4）住民主体の子育て支援の取り組み

住民主体の子育て支援の取り組みは，自治体によっても，また地域によってもその差が非常に大きいことは確かであるが，非常に多くの地域で，先進的な取り組みが始まっていることも事実である．東京都武蔵野市では，1992年に核家族化，少子化，女性の社会進出，地域の共同意識の希薄化などの新たな行政需要に応えるために専門家と市民が管理運営する武蔵野市子ども協会を設立した．そして同年に0～3歳までの子どもの子育てをしている親子のひろばである「武蔵野市立0123はらっぱ」を設立した．「0123はらっぱ」は，これまでの保育所が中心となって運営してきた地域子育て支援センターとは異なり，市民が参画して管理運営している武蔵野市子ども協会が，企画・運営に携わっている．ここでは，①子どもの自由な遊びの場，②親の交流と学習の場，③子育てに関する相談に応じる場，④子育てに関する情報提供の場という4つの機能を備えている．この取り組みがマスコミによって紹介され，モデルとなって全国各地に「子育てひろば」がつくられていった[9]．

このような活動に国も目を着目し，2002年に「つどいの広場事業」が開始された．この事業は，「主に乳幼児（0～3歳）をもつ子育て中の親が気楽に集い，うち解けた雰囲気の中で語り合うことで，精神的な安心感をもたらし，問

題解決への糸口となる機会を提供する」ことを目的に創設された．

（5）小地域福祉活動としての子育て支援

　身近な生活圏域における小地域福祉活動は，社会福祉協議会が中心となり，地域の民生児童委員，福祉委員，自治会役員，女性会，老人会，ボランティアなどが連携して古くから取り組まれてきた．以前は，高齢者のための小地域ネットワーク活動として，ふれあいいきいきサロン，食事サービス，外出援助などが行われていたが，近年の子育て支援ニーズの高まりを反映して，いきいき子育てサロンを行う地域が急増している．いきいき子育てサロンは，地域の公

図表5－3　地域子育て支援拠点事業の概要

地域子育て支援拠点事業

　少子化や核家族化の進行，地域社会の変化など，子どもや子育てをめぐる環境が大きく変化する中で，家庭や地域における子育て機能の低下や子育て中の親の孤独感や不安感の増大等といった問題が生じています．

　このため，地域において子育て親子の交流等を促進する子育て支援拠点の設置を推進することにより，地域の子育て支援機能の充実を図り，子育ての不安感等を緩和し，子どもの健やかな育ちを促進することを目的としています．

	機能	基本事業	実施形態
【ひろば型】	常設のつどいの場を設け，地域の子育て支援機能の充実を図る取組を実施	1　子育て親子の交流の場の提供と交流の促進 2　子育て等に関する相談・援助の実施 3　地域の子育て関連情報の提供 4　子育ておよび子育て支援に関する講習等の実施	1～4の事業を子育て親子が気軽に集い，うち解けた雰囲気の中で語り合い，相互に交流を図る常設の場を設けて実施
【センター型】	地域の子育て支援情報の収集・提供に努め，子育て全般に関する専門的な支援を行う拠点として機能すると共に，地域支援活動を実施		1～4の事業の実施に加え，地域の関係機関や子育て支援活動を行う団体等と連携して，地域に出向いた地域支援活動を実施
【児童館型】	民営の児童館内で一定時間，つどいの場を設け，子育て支援活動従事者による地域の子育て支援のための取組を実施		1～4の事業を児童館の学齢児が来館する前の時間を活用し，子育て中の当事者や経験者をスタッフに交えて実施

出所）ⅰ－子育てネット　http://www.i-kosodate.net/support/shienkyoten.html から抜粋

民館，自治会館など，歩いて行ける小地域で，地域の民生児童委員や福祉委員，女性会，ボランティアなどが中心になり，気軽につどい，おしゃべりをしたり，仲間づくりをしたり，わらべ歌あそび，リズム遊び，行事，おもちゃでの遊びなどの活動を，「気楽に，無理なく，楽しく，自由に」行うことをモットーに展開する小地域福祉活動のひとつである．

地域子育て支援拠点が市町村内の中規模生活圏域を対象としているのに対し，いきいき子育てサロンは，より身近な生活圏域での支援であるため，よりきめ細かでプライベートなニーズを把握し，援助できる．しかしその反面，プライベートなかかわりをもつ地域の住民がボランティアであるため，プライバシーに対する配慮をいかに確保するかが課題となる場合もある．しかし，地域のつながりが希薄となってきている現代社会においては，さまざまな課題や悩みをもつ近隣の住民に対し，暖かいまなざしで接し，ともに問題を解決していく取り組みによって，新たなつながりをつくることが可能となる．したがって，地域の主体性を育て，すべての人が安心して生き生きと暮らせる地域づくりにとって，小地域は最も基本となる地域福祉の単位である．

（6）子どもと家庭のウェルビーイングを保障するソーシャルワーク

これまでみてきたように，家庭や地域における子育て機能の低下や子育て中の親の孤立化や不安の増大は深刻であるが，その問題を解決するための子育て支援の取り組みも急速に発展し，ひろがりをみせていることも事実である．しかし急速に広がりつつある子育て支援の取り組みが，地域のなかで有機的に機能し，さまざまな親子のニーズに十分応えられているかという視点でみると，まだまだ課題は山積しているといわざるを得ない．

しかし，次世代育成支援対策推進法の成立と改正（2008年）により，すべての市町村や101人以上の企業において行動計画を作成することが義務づけられた（100人以下の企業は努力義務）ことで，子育て支援社会を形成する大きな契機となることが期待される．国としても2007年に「子どもと家族を応援する

日本」重点戦略会議を開催し,働き方の改革によるワーク・ライフ・バランスの実現や包括的な次世代育成支援制度の枠組みの構築等を重点に検討をすすめている.[12] この計画に当事者である親子や企業で働く労働者と経営者が主体的にかかわり,子育てへの男女の共同参画を促す新たな行動計画を作成することができれば,かつての第1次産業中心の時代の労働力確保のために必然的に助け合わざるを得なかった社会的子育てから,21世紀型の新たな子育て社会の形成のモデルが生まれる可能性があると考えられる.

市町村の次世代育成支援行動計画は2005年に策定され,2009年に5年目の見直し時期を迎えている.それぞれの地域特性に応じた,住民の主体的な協同による,住民主体の行動計画が新たに策定され,子育て支援社会の実現にむけた豊かな地域協同の姿が各地で展開され,全国的なひろがりをみせていくことが期待されるところである.

また,こうした子育て支援社会を実現していく過程において,ソーシャルワーク機能が十分に発揮できるようなシステムをいかにつくっていくかも重要な課題である.子どもや家庭のウェルビーイングをめざすソーシャルワークは,既存の制度に住民のニーズを合わせるという社会福祉から,住民と協働し,信頼関係を築き,必要な支援システムをもつ福祉コミュニティーを創出していくという,新しい社会哲学に基づくソーシャルワークのあり方を展望する契機にもなると考える.今後全国の地域ごとの次世代育成支援計画が相互に切磋琢磨され,子育て支援社会に向けた取り組みがさらに発展していくことが今,切実に求められている.

注
1) 山内昭道監修『子育て支援用語集』同文書院 2005年
2) 中野由美子「親子が育つ家庭支援―保育者は親子関係づくりの支援者に―」中野由美子・土屋みち子編著『21世紀の親子支援』ブレーン出版 1999年 pp.123-133
3) 垣内国光「21世紀の子育て支援への提言」垣内国光・櫻谷真理子編著『子育

て支援の現在―豊かな子育てコミュニティーの形成をめざして―』ミネルヴァ書房　2002年
4）友定啓子『保護者サポートシステム―もう一つの子育て支援―』フレーベル館　2004年
5）柏木惠子「親子関係の研究」柏木惠子・高橋惠子編『発達心理学とフェミニズム』ミネルヴァ書房　1995年
6）上原明子・竹内和子『家族のための心理学』保育出版社　2005年
7）エリクソン，E. H. 著，仁科弥生訳『幼児期と社会』みすず書房　1981年
8）齋藤幸子・星山佳治・宮原忍「少子社会における次世代育成力に関する調査」『保健医療科学』53　2004年　pp. 218-227.
9）柏木惠子・森下久美子編著『子育て広場　武蔵野市立0123吉祥寺』ミネルヴァ書房　1997年　p. 64
10）原田正文『子育て支援とNPO』朱鷺書房　2002年　p. 126
11）奥山千鶴子・大豆生田啓友編『おやこの広場びーのびーの』ミネルヴァ書房　2003年　p. 55
12）「子どもと家族を応援する日本」重点戦略会議「重点戦略の策定に向けての基本的な考え方」（中間報告）の概要

参考文献

岩淵勝好『次世代育成支援の現状と展望』中央法規　2004年
奥山千鶴子・大豆生田啓友編『おやこの広場びーのびーの』ミネルヴァ書房　2003年
柏木惠子・森下久美子編『子育て広場　武蔵野市立0123吉祥寺』ミネルヴァ書房　1997年
小出まみ『地域から生まれる支え合いの子育て』ひとなる書房　1999年
小出まみ・伊志嶺美津子・金田利子編『サラダボウルの国カナダ』ひとなる書房　1994年
杉山千佳『子育て支援で社会が変わる』日本評論社　2005年
武田信子『社会で子どもを育てる』平凡社　2002年
原田正文『子育て支援とNPO』朱鷺書房　2002年

参考となるサイト

厚生労働省HP　http://www.mhlw.go.jp/
ｉ－子育てネット（全国子育て支援ネットワーク）HP　http://www.i-kosodate.net/

索　引

あ行

ICF　119
愛着関係　102
アスペルガー症候群　122
アセスメント　107
遊び場調査　6
育児サークル　172
育児相談　156
意見を表明する権利　25
石井十次　16
いじめ　77
一時預かり事業　35, 55, 96, 166
一時保護　41
医療対策　156
ウェルビーイング　176
ウェルフェア　176
エリクソン, E. H.　171
延長・長時間保育　81
エンパワメント　26, 129, 65
応益負担　33, 135
大型児童館　69
岡山孤児院　16
オンブズパースン制度　26

か行

介護給付　125, 131
家族再統合　101
家族再統合プログラム　148
家庭裁判所　142
家庭裁判所調査官　142
家庭支援専門相談員　101, 147
家庭支援相談事業等　39
家庭児童相談室　47
家庭的保育事業　83, 86
家庭的養護　33
感化事業　17
休日保育　81
教育・保育等を総合的に提供する施設　90
居宅生活支援事業　124
緊急保育対策5か年事業　64
苦情解決制度　36
グループホーム　103
訓練等給付　125
ケアマネジメント技術　59
健康診査事業　156
健全育成　152
合計特殊出生率　2
広汎性発達障害　122
小型児童館　69
子育て支援　164, 173
子育て支援事業　35, 90
子育て支援短期利用事業　106, 113
子育て短期支援事業　35, 55
子ども期の喪失　30
子どもの権利委員会　25
子どもの権利宣言　22
子どもの権利ノート　26
子どもの最善の利益　165

子どもの貧困率　9
子ども・子育て応援プラン　66, 153, 173
個別援助技術　58
コルチャック, J.　22
今後の子育て支援のための施策の基本的方向について　19, 63
こんにちは赤ちゃん事業　161

さ行

里親　35, 105
支援費制度　124
自己点検評価　36
次世代健全育成対策　63
次世代育成支援対策推進法　20, 55, 66
肢体不自由児施設　51, 34
市町村保健センター　153, 158
児童委員　35, 9
児童育成事業　39
児童家庭支援センター　33
児童館　69
児童虐待　99, 139
　　──の防止等に関する法律　40
児童憲章　18
児童健全育成　61, 78
児童厚生施設　49, 69
児童自立支援施設　140
児童自立支援専門員　140, 44
児童自立生活援助事業　35, 55
児童生活支援員　140
児童センター　69
児童相談所　35, 45, 88, 140
児童手当法　34, 38
児童デイサービス　136
児童の遊びを指導する者　69, 73
児童の権利に関する条約　13, 15, 23, 29
児童買春ポルノに係る行為などの処罰及び児童の保護等に関する法律　42
児童福祉審議会　35
児童福祉司　35, 59

児童福祉施設最低基準　36, 48
児童福祉文化財　44
児童福祉法　34
児童扶養手当法　34, 39
児童遊園　72
児童養護施設　49
児童家庭支援センター　54
自閉症児施設　50
社会的支援　19
社会的養護　98
社会福祉基礎構造改革　20
社会福祉協議会　179
重症心身障害児施設　51, 134
重症心身障害児通園モデル事業　134
集団援助技術　58
住民主体　178
住民主体型子育て支援　177
主任児童委員　60
障害　119
障害児保育　81
障害者の権利に関する条約　123
障害者自立支援法　35, 54, 125
小規模住居型児童養育事業　33, 35, 55, 103
少子化社会対策基本法　64
少子化社会対策大綱　66
少子化対策プラスワン　20
少子高齢化社会　2
小地域福祉活動　179
情緒障害　54, 145
情緒障害児短期治療施設　54, 145, 147
少年院法　143
少年鑑別所　142
少年救護法　17
少年サポートチーム　143
少年司法　140
少年法　42
情報環境　7
助産師　159
助産施設　48

自立支援　102
自立支援医療　129
自立支援員　37
自立支援計画　107
新エンゼルプラン　19
神経性習癖　146
新待機児童ゼロ作戦　86
身体障害者手帳　120
スクールサポーター　143
スクールソーシャルワーカー活用事業　150
健やか親子21　153
身体障害　120
正規雇用率　111
精神障害　120
成年後見制度　124
戦時託児所　80
センター型　97
専門里親　105
早期発見　129

知的障害児通園施設　50, 89
地方裁量型　91
注意欠陥多動性（AD／HD）障害　122
通告　101
低体重児の届出　155
特別支援教育コーディネーター　128
特別児童扶養手当の支給　135
特別児童扶養手当等の支給に関する法律　34, 39
留岡幸助　17
ドメスティック・バイオレンス　108
トワイライトステイ　56

な行

難聴幼児通園施設　51
二次的障害　134
乳児院　48, 120
乳児死亡率　151, 152
乳児家庭全戸訪問事業　35, 55, 56
妊娠の届出　155
認定子ども園　89
ネグレクト　99, 149
ネット社会　139
農繁期託児所　79
ノーマライゼーション　55, 122, 129, 136

た行

第一義的養育責任　29
待機児童　88
待機児童解消促進等事業　83
第三者評価　36
立ち入り調査　41
男女共同参画社会基本法　84
地域援助技術　58
地域権利擁護事業　124
地域子育て支援拠点事業　35, 55, 57, 96, 166
地域子育て支援センター事業　95
地域生活支援事業　125, 131
地域組織活動　75
地域保健法　153
地域母子保健事業　159
地域療育支援センター　88, 130
知的障害　120
知的障害児施設　50, 133

は行

配偶者からの暴力の防止及び被害者の保護に関する法律（DV防止法）　43
発達障害　88, 121
発達障害児　127
発達障害者支援センター　127, 128, 133
発達障害者支援法　121, 127
母親クラブ　76
バリアフリー　136
反社会的行動　146
非行　137
非社会的行動　146
ひとり親家庭　109, 117

ひとり親家庭支援事業　113
病後児保育　81
ひろば型　97
貧困の世代間連鎖　12
ファシリテーター　71
ファミリーソーシャルワーカー　101
VYS　76
福祉財源　30
福祉事務所　46
父子家庭　109
不登校　77, 148
フレーベル　21
保育格差　30
保育士　35, 58
保育所型　91
保育所　49, 79, 81
保育所保育指針　83, 92
保育に欠ける　84
放課後子ども教室　74
放課後児童健全育成事業　35, 56, 73
訪問指導　155
保健指導　156
保健所　35, 47, 158
保健師助産師看護師法　158
保健センター　47, 88, 130
保健師　158
保護主義　142
母子及び寡婦福祉法　34, 36, 108
母子家庭　109

母子家庭等自立支援対策大綱　112
母子家庭等日常生活支援事業　113
母子健康センター　38, 158
母子生活支援施設　49, 116
母子保健　151
母子保健推進委員　159
母子保健法　34, 37, 130, 153
母性　155

ま行

盲ろうあ児施設　51, 134

や行

ユニットケア　103
養育支援訪問事業　35, 55, 56, 96, 166
養育費相談支援センター　115
養育医療　38, 155
養育里親　105
幼稚園型　90
幼稚園教育要領　92
幼保一元化　89
要保護児童対策地域協議会　104
幼保連携型　91

ら行

療育手帳　120
療養援護　156
利用契約制度　33
ルソー, J. J.　21

編著者略歴

水田　和江

1948年	山口県生まれ
1999年	福岡県立大学大学院人間社会学研究科修士課程福祉社会専攻修了
現在	西南女学院大学短期大学部保育科教授
著書	『三訂　子どもの養護　その理念と実践』（株）みらい　2008年　編著
	『障害をもつ子どもの保育実践』学文社　2005年　編著
	『児童福祉を学ぶ　第3版』学文社　2002年　編著

中野　菜穂子

1962年	山口県生まれ
1987年	日本福祉大学大学院社会福祉学研究科社会福祉専攻修士課程修了
現在	岡山県立大学保健福祉学部保健福祉学科准教授
著書	『三訂　子どもの養護　その理念と実践』（株）みらい　2008年　編著
	『児童福祉を学ぶ　第3版』学文社　2002年　共著
	『地域福祉を学ぶ』学文社　1999年　共著

子ども家庭福祉の扉——子どもと家庭の未来を拓く

2009年3月30日　第一版第一刷発行
2011年3月30日　第一版第二刷発行

編著者　水田　和江
　　　　中野　菜穂子
発行所　株式会社　学文社
発行者　田中　千津子

〒153-0064　東京都目黒区下目黒3-6-1
電話03(3715)1501　振替00130-9-98842

© 2009 MIZUTA Kazue
and NAKANO Nahoko
Printed in Japan

落丁，乱丁本は，本社にてお取替え致します。
定価は売上カード，カバーに表示してあります。

印刷／㈱亨有堂印刷所　　検印省略

ISBN 978-4-7620-1956-2